👁で学ぶ
シリーズ
5

見るだけでうまくなる！

陸上競技

The BASIC of ATHLETICS

の基礎

著 **後藤彰英**

船橋市立船橋高校
陸上競技部顧問

ベースボール・マガジン社

はじめに

陸上競技の上達に大切な3つのこと
「楽しく」行える感性、身体の感覚を感じる力、
前の練習で良かったところをすぐに再現できる力

　この本を今読んでいただいているということは、陸上競技に熱心な想いを持った方かと思います。「強くなりたい」「強くしたい」という想いに、少しでも参考になればと思いこの度執筆させていただきました。これから陸上を始める中学生、高校生の皆さんや指導者の皆さまはもちろんですが、全国大会を目指す高校生にも参考にしていただける項目もあります。

　この本の最大の特徴は図解で練習を解説することに加え、各章の初めに各種目の技術のチェックポイント、巻末に練習メニューをトレーニングの時期別に掲載しているところです。特に技術の解説、チェック項目については細かく触れていますのでぜひ参考にしていただきたいと思います。メニューも試合前、オフシーズンなど3パターンで解説しています。

　陸上競技の上達に大切なのは①「楽しく」行える感性、②身体の感覚を感じる力、③前の練習で良かったところをすぐに再現できる力です。「頑張って自己記録が出せた喜び（勝負に勝った喜び）」「工夫した結果、うまく修正できた喜び」なども素直に感じてもらいたいです。

　自分がうまくできた感覚を身体で覚えているとそれが基準となり、練習に明確な目標・判断基準ができます。言葉や文字で表現できるとなお良いです。強い選手は自分の現状が正確に把握でき、現実的な目標を立てることができます。練習も良い状態から入れると新しい段階にすぐに進むことができます。楽しんで、目標が手に届く現実的なものであれば継続する力も自然とついてきます。

　早速、読んで実践してみてください。

船橋市立船橋高校陸上競技部顧問　後藤彰英

この本の使い方

ねらい

そのページに解説されている内容
を習得する目的です。

ねらい ▶ 素早く飛び出せる姿勢を作る

02

スタート姿勢の作り方

On your marksの姿勢
腕が地面に対して垂直になるように構える。ブロックの位置は、前足のつま先がライン内側から
1と2/3 ～ 3/4足、後ろ足のつま先はさらに1足後ろを目安としよう。前足のスネは地面と平行に。

これはNG

肩が前に出すぎないように
上半身が前のめりになってしまうと力強
く跳び足せなくなる。

036

タイトル

そのページで解説している
意識したいところや練習の
名前です。

練習の解説

写真やイラスト、グラウン
ド図を交えて、意識したい
ところや練習の手順、内
容を解説します。

これはNG

その練習や動作をすると
きにありがちなミスを伝え
ます。

動きのコツ

Step Upもやってみよう
Step Upでは、反対に1段高い方に支持脚で着地して軸を
作る。Step DownのあとにStep Upをやると臀部の筋肉
が使いやすくなるのでチャレンジしてみよう。

026

動きのコツ

その練習で覚えてほしい動
きや意識を解説します。

この本は、主に中学校・高校の部活動で
陸上競技に取り組んでいる選手、指導者に向けた本です。
初心者が覚えておきたい意識や練習方法などを
写真と図で解説しています。

コーチ
からの
アドバイス

短距離種目における、スタートが占める割合は少なくありません。号砲から、素早く力強く飛び出せるようにするためには、構えの姿勢がとても大切です。膝の角度と足の幅に注目してスターティングブロックを調整してみましょう。

Setの姿勢

腰を上げたとき、ポイントになるのは膝の角度。前の膝が90度前後、後ろの膝の角度は120〜135度前後、スネは地面に対して45度が目安。親指が肩の真下にくるのが目安。

ワンランクアップ

さまざまなsetの姿勢

腰を高く上げるスタートもある。いろいろ試してみて、自分が飛び出しやすいスタートを見つけよう。

**コーチからの
アドバイス**

その動作や練習がどんなものなのか、それによってどんな効果があるのかを解説しています。

ワンランクアップ

さらに1歩、踏み込んだものを紹介します。

こんなイメージ

接地の瞬間の姿勢をはっきりと（膝を伸ばしきらない）

走り出す前に、骨盤の角度と膝の位置を決めよう。軸は拇指球から耳まで真っすぐにしておき、骨盤を軽く前傾させて股関節から脚を曲げ、膝を軽く90度近くまで曲げる。このときの頭、肩、腰の高さを変えずに走る。

こんなイメージ

解説だけでは伝わりにくい動きを補足します。

CONTENTS

はじめに ・・・・・・・・・・・・・・・・・・ 2
この本の使い方 ・・・・・・・・・・・・・・・ 4

Chapter 1
練習をはじめる前に … 9

01　陸上競技で使うシューズ ・・・・・・・・ 10
02　陸上競技場を知ろう ・・・・・・・・・・ 12
03　陸上で使う道具 ・・・・・・・・・・・・ 14

Chapter 2
動きづくりと身体づくり
・・・・・・・・・・・・・・・・・・・・ 15

01　神経系のトレーニング ・・・・・・・・・ 16
02　ハードルを使った股関節の
　　トレーニング① ・・・・・・・・・・・ 18
03　ハードルを使った股関節の
　　トレーニング② ・・・・・・・・・・・ 20
04　骨盤と肩甲骨を大きく動かす ・・・・・ 22
05　軸を作る① ・・・・・・・・・・・・・ 24
06　軸を作る② ・・・・・・・・・・・・・ 26
07　バネ（跳躍力）を鍛える① ・・・・・・ 28
08　バネ（跳躍力）を鍛える② ・・・・・・ 30

Column 1
バネの重要性 ・・・・・・・・・・・・・・・ 32

Chapter 3
トラック種目の走り方
・・・・・・・・・・・・・・・・・・・・ 33

01　走技術のチェックシート ・・・・・ 34
02　スタート姿勢の作り方 ・・・・・・ 36
03　ブロッククリアランスから10mまでの
　　走り方 ・・・・・・・・・・・・・ 38
04　スタートから10〜30mの走り方 ・・・ 40
05　トップスピード時の走り方 ・・・・・・ 42
06　フィニッシュまでの走り方 ・・・・・・ 44
07　200m、400m種目の走り方 ・・・・・ 46
08　800m〜3000m種目の走り方 ・・・ 48

Column 2
腕を振る理由 ・・・・・・・・・・・・・・・ 50

Chapter 4

トラック種目の練習方法
.... 51

01	スケータージャンプ	52
02	低重心走	54
03	スタート姿勢からのバウンディング	56
04	上り坂での加速練習	58
05	ミニハードル走①	60
06	ミニハードル走②	62
07	スキップ走	64
08	接地を力強くする	66
09	ストレートレッグ→バウンディング ...	68
10	WAVE走	70
11	追い抜き走	72
12	ペース走・ビルドアップ・ジョグ ...	74
13	変化走&ファルトレク	76

Column 3
駅伝競技の練習について 78

Chapter 5

ハードル 79

01	ハードル技術のチェックシート ...	80
02	抜き脚ドリル	82
03	リード脚ドリル	84
04	着地軸作りドリル	86
05	短いインターバル走	88
06	1台目まで2歩増やした アプローチ法	90
07	5歩+3歩ハードル	92
08	オーバーハードル	94

Column 4
400mハードルの特性と走り方 96

CONTENTS

Chapter 6

リレー 97

01 バトンのもらい方 98
02 バトンをもらう姿勢と渡し方 100
03 バトン練習方法① 102
04 バトン練習方法② 104

Column 5
4×400mリレーの作戦と走り方 106

Chapter 7

跳躍種目の練習方法 107

01 跳躍技術のチェックシート 108
02 走幅跳の助走から踏み切り 110
03 足合わせ&踏み切り 112
04 空中〜着地動作 114
05 リズムアップの感覚を養う 116
06 スピード感を養うトレーニング 118
07 走高跳の踏み切り姿勢 120
08 スキップジャンプ&3歩ジャンプ 122
09 助走後半〜足合わせ 124
10 サークルドリル 126

Column 6
三段跳の特性と練習の方法 128

Chapter 8

投擲種目の練習方法 129

01 投擲技術のチェックシート 130
02 立ち投げ・上投げ・両足投げ
（砲丸） 132
03 グライドストップ＋投げ（砲丸） 134
04 チューブ補強3種（砲丸） 136
05 片膝立ち投げ（やり投げ） 138
06 リリースストップとパワーポジションの
確認（やり投げ） 140
07 真上投げ・上方向フラット着地投げ
（やり投げ） 142
08 クロス投げ（やり投げ） 144

付録
コーチおすすめトレーニングメニュー
100m、200m 146
400m 148
800〜1500m 150
3000〜5000m 152
ハードル 154
投擲、跳躍 156

おわりに 158
著者紹介 159

練習をはじめる前に

まずは陸上競技には欠かせないシューズの種類や、競技場、
使用する道具類の用語について確認しておこう。

01

陸上競技で使うシューズ

短距離スパイク

硬めで反発性の高いシューズが多いのが、短距離。また、ピンも長めのものを使うとグリップも上がって力を発揮しやすくなる。

中距離スパイク

自分の特性によってシューズの固さを選ぼう。瞬発力が高ければ硬め、持久力が高ければ少し柔らかめを選ぶと良い。

長距離スパイク

柔らかくて足を軽く動かせる、負担のかからないものを選ぼう。ピンも短いものを使おう。

オールウェザー・土トラック兼用スパイク

耐久性が高めなので、オールウェザー専用のものよりも多少重量はある。だが価格も抑えられており、初心者にお勧め。

走幅跳用シューズ

スタートから加速しやすく、踏み切りでムダな力を使わなくてすむようなシューズを選ぼう。サイズはほんの少し余裕のあるものが良い。

コーチ
からの
アドバイス

陸上を始めるのに、特別な道具は必要ありません。ただ、種目の特性によってシューズやスパイクのピンもたくさんの種類があります。ここで紹介するのは上級者用のものですが、まずはその選び方と特徴を理解することが、陸上競技を知る第一歩となります。

走高跳用シューズ

硬めでかかとにもピンがつけられるものが、走り高跳びのシューズになる。内傾を取る助走、踏み切りに合わせた構造になっている。

やり投げ用スパイク

捻挫防止のため、前足は足首までサポートされているのがやり投げ特有のスパイクの形状になっている。

トレーニング用シューズ

ジョギングや軽いドリル用はクッション性の高い（かかとの高い）靴を選ぼう。薄めのかかとのシューズは速い走練習に使える。足に負担をかけずにスパイクをつけているときと似た感覚で練習できるので持っておくと良い。

トレーニング用シューズ

柔らかく、足に負担のかからないものを使おう。スパイクを練習で使うときは、レースで使う長さよりも少し短いものを使うとケガ予防にもつながる。

⬆ ワンランクアップ

スパイク、シューズは使い分けよう

土用のスパイクとオールウェザー用のスパイクは上級になってきたら分けられるとベスト。シューズもジョギング用と速い動き用で分けられると良い。

02

陸上競技場を知ろう

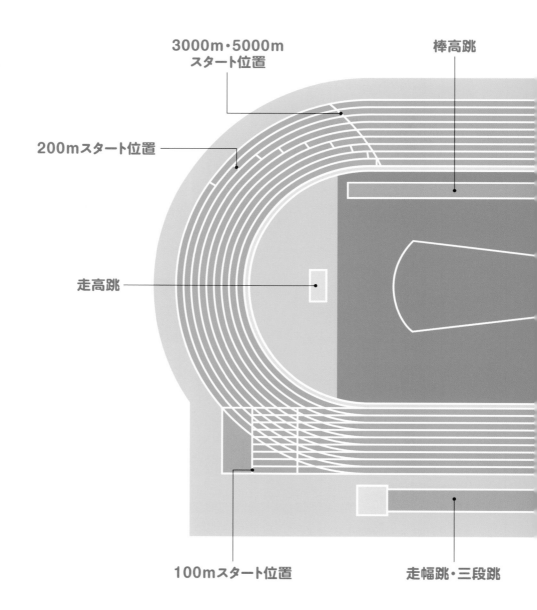

3000m・5000m
スタート位置

棒高跳

200mスタート位置

走高跳

100mスタート位置

走幅跳・三段跳

コーチ
からの
アドバイス

陸上は、トラック競技（短距離や中長距離）とフィールド競技（跳躍系や投擲系）が同時に行われています。どこで、何が行われているかを知っておくと、観戦するときにも役立ちます。

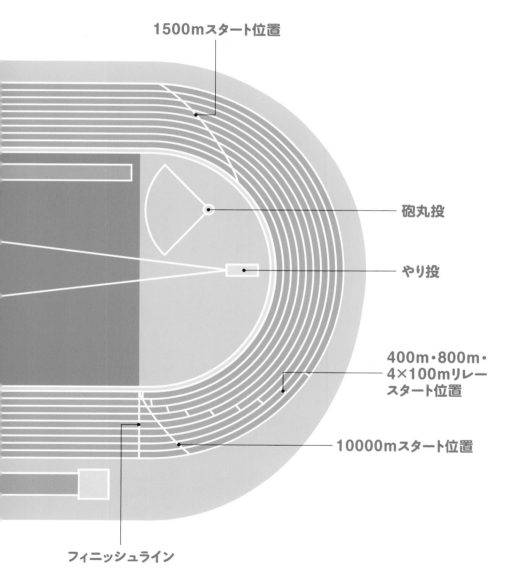

1500mスタート位置

砲丸投

やり投

400m・800m・4×100mリレースタート位置

10000mスタート位置

フィニッシュライン

03

陸上で使う道具

コーチからのアドバイス

陸上競技で使う道具は、練習で使うものから試合で使うものまで多種多様です。だからこそ、その道具がどういうものか、どういう特性を持っているのか、何のために使うのか。これらを理解して使うことが大切です。

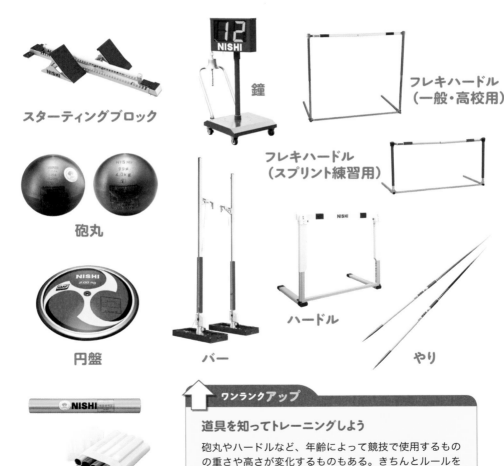

スターティングブロック

鐘

フレキハードル
（一般・高校用）

フレキハードル
（スプリント練習用）

砲丸

円盤

バー

ハードル

やり

バトン

ワンランクアップ

道具を知ってトレーニングしよう

砲丸やハードルなど、年齢によって競技で使用するものの重さや高さが変化するものもある。きちんとルールを把握して練習することが、試合での結果につながる。

動きづくりと身体づくり

短距離でも投擲でも、陸上競技で大切なのは
地面からの反力を得られる姿勢を作るための『軸』。
まずはこの軸作りと力発揮を覚えよう。

ねらい ▶ 素早い俊敏な動きを身体に覚え込ませる

神経系のトレーニング

横ミニハードル

ラダー

ミニハードルは軸作り

横に動くという軸がずれやすい動作のなかでも、脚を真っすぐに下ろそう。横の動きは中臀筋を刺激する。お尻も意識して行おう。

ラダーで股関節の動きを学ぶ

足先だけを意識するのではなく、股関節から脚を素早く動かすよう意識しよう。膝の曲げ伸ばしも行わず、股関節の曲げ伸ばしで脚を動かすのだ。

コーチ
からの
アドバイス

ラダーとミニハードルは、細かく素早い動きのなかで、股関節から脚を動かす感覚と、脚を真っすぐに下ろして軸を作る感覚を身につけられます。台ステップでは速い動きのなかで股関節を動かす動作を覚えていきましょう。

台ステップ移動

① ② ③ ④

台ステップ

速いスピードで走るなかでラダーと同じように股関節から脚を動かす感覚を覚えていこう。できれば芝など地面が柔らかい所で行おう。

こんなイメージ

頭の高さは変わらない

台に脚を乗せたとき、膝を伸ばさずに曲げたままで走り抜けよう。頭の高さが変わらないようにすると、股関節から脚を動かす感覚が分かりやすい。

02

ハードルを使った 股関節のトレーニング①

横

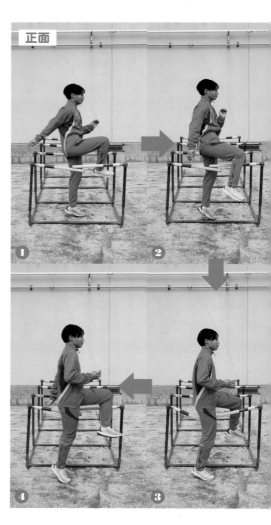

正面

脚上げ横向きハードル

身体を横向きにしてハードルを越えていく。真っすぐな姿勢を維持したまま、膝がなるべく外を向かないようにして股関節を大きく動かそう。ハードルを越えた脚が着地すると同時に、反対側の脚をリズム良く上げる。ポイントは脳天（耳）、肩、腰、拇指球を一直線にすること。

コーチ
からの
アドバイス

ハードルを使って脚を大きく股関節から動かす感覚を身につけ
ていきましょう。大切なのは、動きのなかで真っすぐな軸を作
り出すこと。股関節から脚を動かしてから、軸を作って地面か
ら反力をもらえる姿勢を作っていきましょう。

膝伸ばしダイナミックストレッチ

両手を挙げて軸を意識した状態で、脚を大きく横に振り上げながらハード
ルを越える。身体が曲がらないように注意して行おう。

ワンランクアップ

足の接地と軸作りを同時に行う

振り上げた足が着地するときに、軸を意
識すること。足が接地した位置で、脳天
（耳）、肩、腰、拇指球を一直線にする。

03 ハードルを使った 股関節のトレーニング②

正面ツーステップ

着地してワンステップ、片方の脚を持ち上げてツーステップを踏んで、脚を入れ替えると同時にハードルを乗り越えよう。

⬆ ワンランクアップ

膝は高位置で正面に

股関節から脚を上げて、脚を大きく横に広げてみよう。膝が高い位置で身体の正面にきてから脚を下ろそう。

コーチ
からの
アドバイス

まずは軸と股関節の動きを意識しやすい、正面ツーステップを
やってみましょう。そして、同じ動きを後ろに進みながらでも
できるようにしていきます。特に注意するのは、脚を横に持ち
上げたとき。上半身が左右にぶれないようにしましょう。

後ろ向きツーステップ

正面ツーステップと動きは同じ。それを後ろに進みながら行う。軸の作り方が難
しくなるので、上半身がぐらつかないように気をつけてチャレンジしてみよう。

ワンランクアップ

上げるより下ろす意識

後ろ向きだと腰を曲げて脚を上げてしまい
がちだが、怖がらずに積極的に着地したほ
うが、反対の脚と腰が上がりやすい。

04

骨盤と肩甲骨を大きく動かす

骨盤ウォーク

まずは骨盤を前傾させた状態で長座になり、上半身を垂直にする。そこから、骨盤の動きだけで前に進む。肩甲骨を使って腕を大きく振ることも忘れずに。

✕ これはNG

上半身を丸めない

骨盤が後傾すると背中が丸まり、骨盤だけではなく肩甲骨の動きも悪くなってしまう。姿勢にも注意して行ってみよう。

コーチからのアドバイス

骨盤の動きが良いと、股関節を大きく動かせるようになります。肩甲骨の動きも重要で、骨盤と連動させることで軸が安定し、地面からの反力をもらいやすくなるのです。軸を意識しつつ、骨盤、肩甲骨を大きく動かす感覚を養っていきましょう。

ツイスト

真っすぐな軸を意識したうえで、骨盤を左右に大きくねじる。上半身は肩甲骨を使って、下半身とは反対方向に大きく捻るイメージを持とう。腹筋を意識して上半身と下半身を連動させよう。

片脚連続腿上げ

腿を引き上げるときに、脚だけを動かすのではなく、骨盤から腿を持ち上げる意識を持とう。腿を上げる動きと、反対側の肩甲骨の動きが連動するイメージも持つと良い。

こんなイメージ

骨盤から動かす

骨盤から脚を大きく動かして腿上げができていると、反対側のお尻が見える。

これはNG

脚だけではなくお尻を動かそう

腿上げのとき、お尻の動きを真横から見てみよう。脚だけで動かしていると、反対側のお尻が見えない。

ねらい ▶ 地面からの反力をもらえる姿勢を作る

軸を作る①

軸作り腿上げ①

歩きながら軸を作る感覚を養う。軸脚側の手を上げて、そちら側がつま先まで一直線になるように意識しながら行う。反対側の脚で腿上げを行うが、股関節からしっかりと大きく動かそう。

軸作り腿上げ②

肩甲骨を寄せるイメージで腕を上げる。接地時の軸、そして骨盤、股関節から脚を動かすことを忘れずにチャレンジ。両手を上げたときは、指先までが一直線になるような意識を持とう。

コーチ
からの
アドバイス

足が接地した瞬間の姿勢によって、地面からの力を得られるか
どうかが決まります。その力を最大限得るためにも、軸作りは
欠かせません。接地時、拇指球、腰、肩、頭（耳）が一直線に
なるよう意識しながら行っていきましょう。

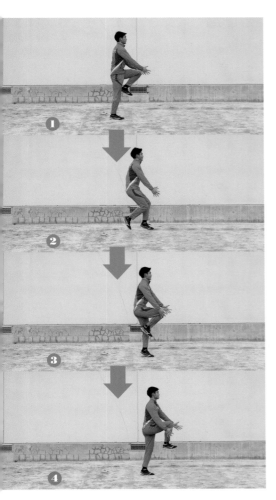

軸作り腿上げ③

手を下ろして行うバージョンは、肩甲骨も下げ
ることを意識しよう。骨盤と肩甲骨が近い方が
連動しやすい。

軸作り腿上げ④

手を後ろ（腰）に当てて腿上げを行う。背中が
丸まらないように肩甲骨を寄せ、骨盤をしっか
り立てる（前傾させる）意識を持って腿上げを
行ってみよう。

軸を作る②

① ② ③

Step Down

片方の脚で1段高いところで軽くステップを踏み、もう片方の脚（支持脚）で1段低いところに着地する。ここで軸を作るのがポイント。拇指球に体重が乗る感覚を身につけよう。

 動きのコツ

Step Upもやってみよう

Step Upでは、反対に1段高い方に支持脚で着地して軸を作る。Step DownのあとにStep Upをやると臀部の筋肉が使いやすくなるのでチャレンジしてみよう。

コーチ からの アドバイス

軸を作るためには、拇指球に体重を乗せる感覚を持つことが大切です。頭まで一直線の状態が作れたら、拇指球にしっかり体重が乗ります。この感覚を動きのなかで学び、体感していきましょう。

両脚ジャンプ

軽くステップを踏んで着地と同時に軸を作り、地面からの反力をもらってジャンプする。そうすると、膝を深く曲げることなくバネを使って大きくジャンプすることができる。

↑ ワンランクアップ

重りを持ってやってみよう

メディシンボールなどを持っても②の姿勢で膝が深く曲がらず高く跳べるように練習しよう。ポイントは力感を少なく、跳ねる感覚でジャンプすることだ。

07

バネ（跳躍力）を鍛える①

1回ジャンプ

静止姿勢から大きく一歩を前に踏み出して、その足が接地すると同時に軸を作り、地面からの力を使って前に跳び出す。力で跳ぶのではなく、弾む意識でやってみよう。

コーチ
からの
アドバイス

今まで紹介してきた練習で、肩甲骨、骨盤、股関節の動きを良くしたうえで、軸を作ってきました。今度は、走る（前に進む）という動作のなかで軸を作り、地面からの反力をもらえる感覚、それを使って前に進む感覚を養っていきましょう。

階段スキップ

階段でスキップをするようにして弾みながら上に登っていく。前に進むよりも、上に跳ねる感覚で行えるので、地面からの反力を使って跳ねるイメージがしやすくなる。

↑ ワンランクアップ

軽い重りを使ってみよう

メディシンボールを持ってやってみよう。重りがあるなかでも、弾む感覚を身体に覚え込ませることが大切だ。

08

バネ（跳躍力）を鍛える②

バウンディング

先のページのように肩甲骨と骨盤を大きく動かし鋭く接地しよう。前に進む意識が強くなりすぎて、上半身が前方に突っ込まないように、軸を作る意識を持って行おう。弾むイメージで長い接地時間からだんだん短くしていっても良い。

前に弾む感覚を作る練習です。はじめは上に高く跳び反発をもらい、1本ごとに徐々に前に跳んでいくようにすると、弾む感覚を失わずに横への高いスピードで行えます。股関節から力を伝えましょう。マーカーを2〜3.5mで10個置くと良いです。

ホッピング

かかとをお尻の下まで巻き込み、股関節から前に出す。接地の瞬間に軸を作ろう。

ギャロップ（タ、ターンのリズムで連続ジャンプ）

接地の瞬間に反対脚の腰が前にあるようにして、素早く突き出そう。

バネの重要性

　バネ、という言葉はスポーツ界ではよく使われます。主に瞬発系の力を指す言葉として使われますが、では中長距離の選手には身体のバネは必要ないのか、というとそうではありません。むしろ陸上という競技において、どの種目にもバネはとても重要なのです。

　バネとは弾む力と考えてください。弾む力は加重によるアキレス腱の伸張による跳躍力がそのひとつです。トレーニングによってより丈夫で固いアキレス腱とふくらはぎの筋肉（筋腱複合体）へと変化していきます。下肢のバネは走幅跳や走高跳の成績に影響することは言うまでもありませんが、走力にも大きく影響することは様々な研究で明らかになってきています。ただ、バネとは、下肢のバネの力が強いことだけではありません。練習方法にあったように正しい姿勢（軸）を作ることによって全身が一本の棒になり、より大きなバネとなって大きな反発力を得られるのです。軸ができた姿勢＝大きな反発力（をもらえる姿勢）と覚えてください。これは走りを例にすると、自分の筋力を使って走るのではなく、バネを使ってエネルギーの消費を抑えられるので、省エネの楽な走りが可能になります。そしてバネを作ることとは、「瞬間的に身体を固くできること」で、素質の面もありますが、様々な努力によって作ることも可能です。私の指導歴のなかで、バネがある選手は同じ練習をしていても伸びしろが大きいです。ジュニア世代の皆さんはぜひバネ作りを大切にしてほしいと思います。

トラック種目の走り方

Chapter 2で取り組んできた身体の使い方を、
今度はしっかりと実際の走りにつなげていこう。

01

走技術のチェックシート

	［カテゴリ］	チェック項目	✔（チェック）
1	［短距離］	『on your marks』のとき、スタートラインの真上に肩があるか 〈自分のクセ〉	☐
2	［短距離］	set姿勢のときに背中が丸まっていないか 〈自分のクセ〉	☐
3	［短距離］	set姿勢のときに前脚の膝の角度が約90°か、後ろ脚の膝は伸びきっていないか 〈自分のクセ〉	☐
4	［短距離］	反応で後ろ脚の膝が素早く前方に引き出せているか 〈自分のクセ〉	☐
5	［短距離］	反応で腕が素早く、大きく前後に振れているか 〈自分のクセ〉	☐
6	［短距離］	0〜20m地点でつま先が下がっていないか 〈自分のクセ〉	☐
7	［短距離］	0〜20m地点で目線が徐々に上がっているか 〈自分のクセ〉	☐
8	［短距離］	15〜30m付近で接地時間が徐々に短くなっているか 〈自分のクセ〉	☐
9	［短距離］	10〜30mで接地位置が地面の真下にくるまで目線が下がっているか 〈自分のクセ〉	☐
10	［短距離］	10〜30mで後ろで脚が回転したまま身体が起き上がっていないか 〈自分のクセ〉	☐
11	［短距離］	30m以降で身体の軸のラインより頭が前に出ていないか 〈自分のクセ〉	☐
12	［短距離］	30m以降で膝がたたまれた状態で前に出されているか 〈自分のクセ〉	☐
13	［短距離］	30m以降で肩が上がっていないか 〈自分のクセ〉	☐

これから紹介していく走技術を習得するのに役立つチェックシートを用意しました。内容は、これから紹介していく動きのポイントや練習で注意したい点などです。そのチェック項目に対して自分のクセも合わせて見比べるのもお勧めです。

	［カテゴリ］	チェック項目	✔︎ （チェック）
14	［短距離］	脇が開きすぎた腕振りになっていないか（特に男子） 〈自分のクセ〉	☐
15	［短距離］	30m以降でピッチを出そうとするあまり、ブレーキ動作がかかっていないか 〈自分のクセ〉	☐
16	［短距離］	30m以降で地面から足が離れる直前から足首を返した動きになっていないか 〈自分のクセ〉	☐
17	［短距離］	30m以降で、拇指球付近ではなく、かかとに体重が乗った走りになっていないか 〈自分のクセ〉	☐
18	［短距離］	50〜60m以降でピッチが極端に落ち、オーバーストライドになっていないか 〈自分のクセ〉	☐
19	［短距離］	50〜60m以降、腿を上げすぎて反対の腰が落ちていないか 〈自分のクセ〉	☐
20	［短距離］	50〜60m以降で腕振りと足の接地のタイミングがずれていないか 〈自分のクセ〉	☐
21	［短距離］	50〜60m以降で足の接地に対する反対脚の引き出しが遅れたり、脚が流れていないか 〈自分のクセ〉	☐
22	［短距離］	最後の10mでフィニッシュを急ぎ、早めに上半身を前傾させて減速していないか 〈自分のクセ〉	☐
23	［長距離］	上半身の上下動きが大きい走りになっていないか 〈自分のクセ〉	☐
24	［長距離］	脚関節がつぶれた（関節の伸び縮みが大きい）接地になっていないか 〈自分のクセ〉	☐
25	［長距離］	上半身の姿勢は良いか 〈自分のクセ〉	☐
26	［長距離］	あごが上がっていないか 〈自分のクセ〉	☐

スタート姿勢の作り方

On your marksの姿勢

腕が地面に対して垂直になるように構える。ブロックの位置は、前足のつま先がライン内側から
1と2/3 〜 3/4足、後ろ足のつま先はさらに1足後ろを目安としよう。前足のすねは地面と平行に。

❌ **これはNG**

肩が前に出すぎないように

上半身が前のめりになってしまうと力強
く飛び出せなくなる。

短距離種目における、スタートが占める割合は少なくありません。号砲から、素早く力強く飛び出せるようにするためには、構えの姿勢がとても大切です。膝の角度と足の幅に注目してスターティングブロックを調整してみましょう。

Setの姿勢

腰を上げたとき、ポイントになるのは膝の角度。前の膝が90度前後、後ろの膝の角度は120〜135度前後、すねは地面に対して45度が目安。親指が肩の真下にくるのが目安。

⬆ ワンランクアップ

さまざまなSetの姿勢

腰を高く上げるスタートもある。いろいろ試してみて、自分が飛び出しやすいスタートを見つけよう。

03

ブロッククリアランスから
10mまでの走り方

Setの姿勢では前脚の股関節から力を出す意識。

号砲と同時に腕を前後に鋭く振る、前の股関節で押す、後ろ脚の膝を素早くたたむ。

膝の高さを変えないようにするには、股関節から脚を動かすことがポイント。

低姿勢のときは膝下を伸ばさず、すねが斜め後ろに向いた状態で接地しよう。

肘が身体の横を通過する際に肩が上がらないように。

目線を上げないようにするのが、上半身を起こさないコツ。

コーチ
からの
アドバイス

ポイントは膝と腰（股関節）の高さ。飛び出しから、膝と腰の高さが2、3歩目までSet時と同じままで平行移動するようなイメージです。上半身は前傾姿勢を保ったまま、しっかりと足で地面をとらえて身体を前に押し出すよう意識してください。

3
セットで構えた腰の高さから浮きすぎない。膝を曲げたまま地面と平行に前に突き出す。

4
脚は上下に振らず、前にスライドさせる。すねは斜め後ろ方向に踏む。

6
体重が乗ったときに反対の腰が遅れないように軸脚の腰の真横にあること。

5
反対側の脚も地面と平行にスライドさせる意識で。

膝と腰が水平移動するように飛び出す

上半身の浮きを抑えるために、膝と腰がSet時と同じ高さのまま水平移動する意識で1、2、3歩を踏み出してみよう。Set姿勢で腰が残っていると股関節から前に出なくなるので注意。

ワンランクアップ

飛び出す方向の「高さ」と腰の地面からの「高さ」の区別をする

浮かないように「低く」スタートするという指導を度々受けることが多いかもしれないが、1歩目以降の腰の高さは最も力を加えられる位置で走ろう（低ければ低いほど良いわけではない）。地面を踏んだあとに飛び出す高さ（角度）は高くならないように気をつけよう。

04 スタートから10〜30mの走り方

① スタートから2、3歩目までは脚を平行移動させる意識で飛び出す。

② 肩が上がらないように、速く回すより、地面をとらえる意識を。

⑧ 目線は徐々に上げて20mまでは完全に上げないようにしよう（歩数にして10〜15歩）。

⑦ 特に10mあたりで目線が上がりやすくなるので注意しよう。

⑨ 加速するにつれて、徐々に足のつく位置が前になっていく。

⑩ 身体の真下で地面を踏めるようにしてから目線を上げよう。

コーチ からの アドバイス

加速力はトップスピードに直結しますので、スタートからできるだけ早く加速することが短距離では大切。このポイントで身体が起きてしまうと前に押し出せず、加速が終わってしまいます。ここは目線を上げないよう、我慢するポイントです。

❸ 少しずつ加速していくと、目線が上がって身体が起きやすくなるが、ここは我慢。

❹ 10 〜 15mを過ぎて地面を長く押しすぎると脚が流れてしまうため、短く、鋭く地面を踏む。

❻ ここで焦って脚が流れるとトップスピードが上がらないままになってしまう。

❺ もしスタートの飛び出しで失敗してしまっても、ここで取り戻すことは可能。

焦らないことが大事

レースになると、どうしても焦ってしまって目線や肩が上がりやすくなり、上半身が浮き上がりやすくなってしまう。そうすると加速がにぶり、結果的にスピードに乗れないままレースを終えてしまうことになる。この10 〜30m付近は、特に自分の加速に集中することが大事なポイントだ。

05

トップスピード時の走り方

20 〜 30m付近で顔が起きる瞬間に腕を鋭く
振ろう。脚で鋭く地面をとらえよう。

これができると顔が上がってからもう一段階ス
ピードを上げることができる。

ピッチを意識しながらも、股関節を大きく速く
動かせているかが大切。

かかとが支持脚の膝の横を通過していくイメー
ジ。

筋力の弱い女子選手の場合は、できるだけピッ
チを上げていく意識を持つと良い。

中高生の男子は50 〜 60m付近で、女子は40 〜
50m付近でトップスピードに乗せる。

コーチ
からの
アドバイス

加速できてトップスピードに乗ったら、地面を長く踏まないようにすることが大事です。十分に加速できたならば、あとはその勢いで進むだけ。地面に足がついた瞬間に跳ねるように、接地は短く、地面からの跳ね返りを使って走り抜けましょう。

膝下は自分から振り出さず、自然に出るもの。　足が地面についた瞬間に反対の腰が前にあること。

20m付近の加速する走り方をしていると、身体のバランスを崩してしまう。　後ろに蹴る、押すという意識はなくそう。

地面を押さずに跳ねる意識で走る

地面を押しすぎると足が後ろに残り、前で接地できなくなってバランスが崩れてしまう。身体よりも前で接地して（イメージは真下）地面をとらえたら、反力をもらって跳ねるようにして前に進むイメージで脚を動かしていこう。

動きのコツ

拳は力を入れなければ軽く握っても開いても良い

手首に力が入ると肩や首に力が入り腕が振りにくくなるので力を抜こう。

06

フィニッシュまでの走り方

① トップスピードに乗ったら、接地のタイミングをとることに集中しよう。

② 接地したときに反対の腰が前にあるように。腕振りは力でなくタイミングをとる役割。

⑧ 上半身も前のめりになりすぎないように注意しておこう。

⑦ 自分がスピードを維持できるラストの脚の動かし方を練習していこう。

⑨ フィニッシュで身体を前傾するのは最後の一歩から。早すぎると失速するので注意。

⑩ フィニッシュラインを一歩またぎ越すようにして駆け抜けよう。

コーチからのアドバイス

フィニッシュ前までくると、身体が浮く、脚が流れる、肩がぶれ始めるなどの乱れが出ます。練習の通り、身体の軸と接地ポイントとの関係を崩さないことと、力を入れるタイミングをとることが大切です。

3 ストライドが広がりすぎないように鋭い接地を。

4 スピードは、きちんと接地して足で地面からの力を得られていれば維持できる。

6 特に中学、高校生のうちに、地面をとらえる感覚はつかんでおこう。

5 接地では短く、でも地面はしっかりとらえる意識を持つ。

✕ これはNG

顔と肩に力を入れない

顔が力むと首と肩に力が入り肩甲骨が動きにくくなるので気をつけよう。

⬆ ワンランクアップ

**後半に失速しないために
ピッチのコントロールを身につける**

後半はどうしても接地時間が長くなることによって、ピッチが低下してくる。前半でピッチを回す努力度が高すぎると力を使いすぎてしまい、減速が大きくなる。後述のWAVE走などで、ピッチを回す努力度が上がりすぎない技術を身につけよう。

07

200m、400m種目の走り方

前半

❶ 200mで記録を狙うときはとにかく前半の50mを突っ込んで行く。

❷ 最終コーナー中盤までに、全力で突っ込むのがポイント。

❹ 着順や勝負を意識するときはコーナー出口に向けて再加速する意識を持とう。

❸ 最後が持たなくなることを恐れず、まずは全力を出し切るペースでチャレンジしていこう。

前半最後は腕を振って脚の回転を維持

前半は100m走と比較して、じっくり50〜60mまで加速して、しっかりとトップスピードに乗せよう。そして、コーナーの出口で前にしっかり乗り込んでいく。接地の瞬間のインパクトのみを強くし、楽にスピードを出すことを心がけよう。

コーチ
からの
アドバイス

200mでは前半の加速、コーナーの出口での再加速、後半のオーバーストライドを防ぐことがポイント。400mでは、前半で楽にスピードに乗る、コーナーの入り口・出口でスピードを落とさない、疲れてもラストで腕を動かし続けましょう。

後半

① 400mで疲れてくると脚の回転が鈍るだけではなく、地面からの力をもらって跳ねる力も鈍る。

② 最後の直線に入る前に、もう一度加速する意識を持つことで接地の感覚を呼び起こす。

④ 最後は腕も動かし続けることで脚の回転を止めないようにする。

③ 脚の回転は前で行うよう意識しておこう。

後半再加速することで地面の力を使える

後半はピッチが下がり身体が浮いてくるので、ほんの少しストライドを抑えてコーナー出口でしっかり再加速しよう。バックストレートでのリズムを大切にして、いかにスピードを保ちながら力を温存できるかが重要。また、コーナー入り口でストライドが間延びしたり、ピッチが落ちすぎるとスピードが落ちて身体が浮くので注意が必要だ。

08

800m〜3000m種目の走り方

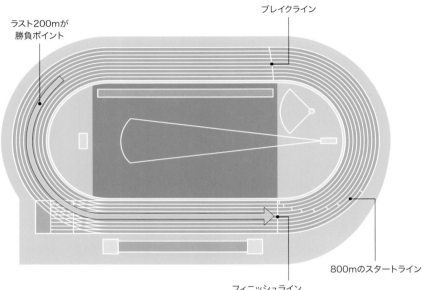

ブレイクライン

ラスト200mが
勝負ポイント

800mのスタートライン

フィニッシュライン

まずは積極的なレースを

大前提として記録狙いと勝負狙いがあるが、ジュニアのうちは積極的なレースを心がけよう。記録狙いをするならば、1週目から積極的に前に出るのをお勧めする。また200mでの位置取り、また後半の200mでスピードを落とさず、自分が目指してきたペースで走れるように1周目で主導権を握るのが大事。勝負狙いをするならフィニッシュから逆算して、ラスト200mで先頭が見える位置でいること。その位置取りは、500〜600m付近で終わらせておこう。

⬆ ワンランクアップ

ブレイクラインで前に出る

スタートで一度スピードを上げておくと、ブレイクライン（自分のレーンを離れても良いところ）で前に出て、走りやすいポジションが取れる。800mとはいえ、たった2周で終わってしまうので、スタートダッシュも勝負の大事なポイントになる。

コーチ
からの
アドバイス

トラック競技の中長距離では、自分はスピードタイプか、それともペースを刻める持久力タイプか、自分の特性を最初に理解しましょう。それに合わせて、どのタイミングでラストスパートをかけるのかを見つけ出すのが勝負の大切なポイントです。

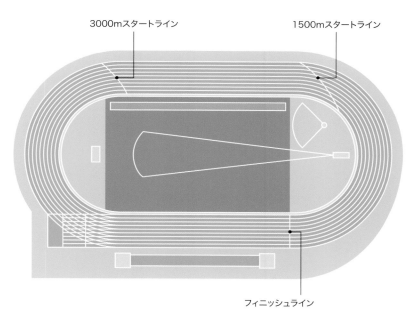

3000mスタートライン

1500mスタートライン

フィニッシュライン

1500m、3000mは常に先頭を意識して走ろう

ジュニアのうちは、1500m、3000mであっても、最初から積極的なレースを心がけよう。ひとつでも前の集団に食らいつくことで、レースの流れに乗ることができる。力を温存し過ぎるとかえって遅い流れのなかに入ってしまい、不完全燃焼で全力を出し切れずに終わってしまうことが多い。練習から攻める姿勢を持つことが大切。それができるようになって、はじめて戦術やかけ引きの練習に取り組んでいこう。

ワンランクアップ

積極的なレースができたらポジション取りも大事に

スタートからオープンレーンの長距離種目は、最初のポジション取りも大事な勝負ポイント。中盤で流れに乗るのか、先頭で流れを作るのか、後ろから勝負ポイントを見極めるのか。残り1、2周でスパートをかけたときに、どの位置にいれば勝負になるのかを知るのも大切だ。

腕を振る理由

走るとき、腕をどうして振るかを考えたことはありますか？　走る動作をすれば、身体がバランスを取ろうとして勝手に動く腕ですが、それをなぜ意識的に動かす必要があるのでしょうか。

理由はふたつ。『脚の力を強くするため』と『タイミング、リズムを安定させるため』です。

まず脚の力を強くするためについて説明します。脚の力は、接地の力です。脚の力だけで接地させるよりも、腕を連動させて接地させたときのほうが脚の動きのスピードが上がり、力強くなります。接地が強くなれば、それだけ地面から得られる反力も強くなり、強いバネを得る走りや跳躍が可能になります。

ふたつ目のタイミング、リズムを安定させるためについてです。脚の動きだけを意識していると、後半に疲れが出て脚の動きが遅くなったとき、疲れても早く動かせる腕とのズレが生じ、走りのリズムが崩れやすくなります。下半身と上半身の連動が崩れるわけです。

それを安定させるためには、腕の振りを主体に走ることもひとつのポイントです。走っているので脚でリズムやタイミングを取りたくなりますが、そうではなく、腕の振りに合わせて脚を動かすリズムを作るのです。

脚が疲れても、腕をしっかりと振ってそれに連動させることで、脚のリズムを最後まで崩さずに走り切ることができます。

なので、日々の練習から腕の振りと脚の動きを連動させる意識を持ち、腕も使って走ることが大切なのです。

トラック種目の練習方法

股関節や肩甲骨を使いこなし、
地面からの反力をもらって推進力に変える力を身につけていこう。

01

スケータージャンプ

① 上半身が前後左右にぐらつかないように安定した姿勢からスタート。

② 肩が下がった状態から腕を振る。支持脚と反対側の脚を軽く振り、前に飛び出す。

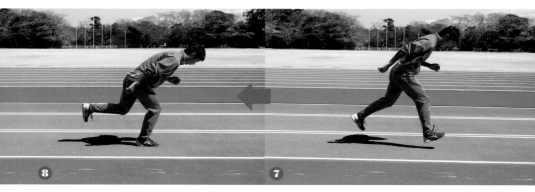

❽ 足全体で接地。この足の裏で地面をとらえる感覚を身体に覚え込ませよう。

❼ 上半身が起き上がり過ぎないように注意して。股関節の伸びと腕振りのタイミングがほぼ同時になるように。

コーチ
からの
アドバイス

接地時、低姿勢で地面をとらえる感覚を養う練習方法です。つま先やかかとで着地するのではなく、脚全体で地面をとらえるイメージで接地しよう。そのとき、上半身がぐらつかないよう、股関節から脚を曲げ、身体を安定させるのがコツです。

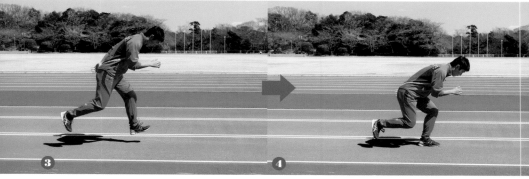

③ 膝を伸ばしきらず股関節の伸展で地面を蹴る。脚の振りに合わせて軽く跳べばOK。

④ 足の裏全体と骨盤で地面をとらえるような意識を持って接地。

⑥ 反対側も同じように脚を振りながら軽く跳ぶ。

⑤ すぐに次の動作に移らず、一度止まって姿勢を確認してから動こう。

 動きのコツ

接地したら止まってもOK

連続で素早く行うよりも、接地で一度止まって身体のバランスや重心の位置、足の裏全体で地面をとらえられるような着地ができているかを確認するほうが大事。また、たくさん前に跳べるから良いというものでもない。この練習の目的は、あくまで接地の感覚を養うことだ。

ねらい ▶ 低姿勢で膝を伸ばし切らず前に進む

低重心走

❶ 腰を落とし、股関節と膝を軽く曲げた状態で走る。

❷ 頭、肩、腰の高さを変えずに走るのがこの練習法。

❽ 目線は上下に動かさないようにしよう。

❼ 後ろに地面を蹴る意識も持っておくことが大事。

コーチ
からの
アドバイス

腰を深く落とした状態を維持したまま、脚を前方にスライドさせるようにして走る練習です。スタートの飛び出し時、地面に対して平行に動かす脚の動きを学ぶことができます。蹴ることに加えて、脚を前に大きく出す意識も持ちましょう。

❸ 脚は股関節から大きく前に振り出す。

❹ 腕も肩甲骨を使って大きく動かそう。

❻ 膝と脚が前方に向かってスライドするようなイメージで動かすと良い。

❺ 走っている途中で膝が伸びて、身体が上に浮き上がらないように注意して。

 こんなイメージ

接地の瞬間の姿勢をはっきりと（膝を伸ばしきらない）

走り出す前に、骨盤の角度と膝の位置を決めよう。軸は拇指球から耳まで真っすぐにしておき、骨盤を軽く前傾させて股関節から脚を曲げ、膝を軽く90度近くまで曲げる。このときの頭、肩、腰の高さを変えずに走る。

03

スタート姿勢からの
バウンディング

① スタートから飛び出した最初の姿勢をイメージ。

② 上半身をしっかり前に倒して、斜め上に身体を浮かせないようにする。

⑧ 接地の瞬間、肩を下げて鋭く腕も振り、地面を力強く蹴る感覚も養おう。

⑦ 上に飛ぶのではなく、前方に飛んでいく意識を持ってチャレンジしていこう。

地面を力強く蹴る（押す）感覚も養おう

加速時には、地面をしっかり蹴って力を得る必要がある。前にバウンディングする意識を持って蹴り出すようにすると良い。実際のスタートより大きな力で押し、最大パワーを水平スピードに生かそう。

コーチ からの アドバイス

スタート直後の前傾姿勢を維持したまま腕をしっかり振ってバウンディングを行います。低重心走同様、膝を伸ばしきらずに股関節の力を伝えます。斜め上に跳ぶのではなく、水平に、前方に身体が弾き飛ばされるイメージで行いましょう。

❸ 接地の瞬間、遊脚の腰が遅れないように。

❹ 腕を大きく振ることも、この練習方法の大事なポイントだ。

❻ 膝下が膝よりも前に出すぎないように。接地時に足が膝よりも前につくとブレーキになる。

❺ 膝を伸ばしきらず、脚全体で地面をとらえる意識を持って行おう。

上半身を浮かせないように注意

跳ねるイメージが強いと、身体が浮いてしまいやすい。身体を浮かせてしまうと力が逃げてしまうので、上半身が浮くのを抑える意識は常に持っておこう。肩を下げ、腕を下のほうで振ると浮きにくい。

04

上り坂での加速練習

急坂から緩やかな坂へ

しっかり力強い接地でパワーを得たところから（急坂）、緩やかになったところで脚を速く回して接地時間を短く、軽く脚を回す動きに変化させていく。そうすると、地面をとらえる感覚を持ったまま、脚を速く回す感覚を養うことができる。

✕ これはNG

腰が曲がってしまう

パワーを出そうとすると、背中が丸まってしまいやすい。前傾姿勢になっても良いが、軸は真っすぐにしておくことが大事。骨盤は少し前傾させた状態で真っすぐな姿勢を作り、軸を意識して駆け上がってみよう。

コーチ
からの
アドバイス

加速局面では、正確に接地して地面をとらえた結果、力強い反力をもらってピッチが上がります。ただ単にピッチを出すと空回りするので注意が必要です。そこで、力強い接地の感覚を養うのに効果的な練習法が、上り坂を使った練習です。

平坦から坂へ

100mでの15〜30mでは地面を押しすぎずに加速することがポイント。平坦はそれをイメージして鋭い加速をしていき、坂に入っても接地時間を短いままで、パワーを発揮していく。脚を速く回す感覚とパワーを出す感覚を掛け合わせていくイメージでトレーニングしてみよう。

 動きのコツ

脚が空回りするときに使おう

短距離のラストで脚を速く回すことだけに意識がいくと地面をとらえられず、空回りしてスピードが落ちてしまう。接地時間はかなり短くするが、地面をとらえることも大切。接地が軽すぎる場合にこれを使うと、地面をとらえてパワーを出す感覚を取り戻すことができる。

05

ミニハードル走①

① 脚を細かく速く動かす意識を持って行おう。

② 目線は下を向かず、短距離走の中間の走りをイメージして。

⑧ スピードを落とすことなく、ミニハードルを駆け抜けられるように練習しよう。

⑦ 腕をしっかり振ることも大切なポイント。

ミニハードルの幅は目的に合わせて変える

ミニハードルの幅は足長（足のつま先からかかとの長さ）で4〜6足程度で行ってみよう。足長によってミニハードルに入る助走距離やスピードを変えると良い。足長が少ないほうが、スピードを維持するのが難しい。接地と股関節の動きを意識してチャレンジしてみよう。

コーチ
からの
アドバイス

細かい動きの中で、身体が上下しないようにするためには、股関節から脚を動かす必要があります。それと同時に、素早くブレーキをかけずに加速していくには、接地の仕方に注意しなければなりません。その感覚も養っていきましょう。

❸ 身体が上下動しないように、股関節から脚を動かそう。

❹ 片方の脚が接地したときに反対の膝が身体の前にあるようにしよう。

❻ そのためには、ミニハードルを越えた脚を垂直に下ろすイメージを持つ。

❺ 足の接地は拇指球に乗るように。かかとに体重を乗せない。

 これはNG

かかとに体重が乗る接地・かかとが高すぎるつま先接地

股関節が動かないつま先接地はブレーキがかかりやすい。反対にかかと接地だと股関節の力は伝わりやすいが脚が流れやすくなってしまう。

ねらい ▶ **加速したところからの身体の浮きを抑える**

ミニハードル走②

①
ミニハードルは10台置いたあとに、少し間を開けて10台置く。

②
1回目の10台は100m走の20～40mを走る意識で行おう。

⑧
2回目のミニハードル10台に入ったスピードを落とさずに駆け抜けられるよう練習しよう。

⑦
ミニハードルで走りが窮屈に感じたところでも、身体が浮き上がらないような走りを身につけよう。

後半にオーバースライドにならないための練習

後半の10台こそがこの練習の大事なポイント。股関節から脚を動かそう。脚を引きつける意識よりも、接地の瞬間、写真②のときに脚を下ろし始めるインパクトのタイミング、そして写真③のときの姿勢を崩さないことを意識すると良い。脚をどれだけ素早く動かしているときでも、これができるように練習していこう。

コーチ
からの
アドバイス

スパイクの場合は7足から7.5足長（1m90cm（12秒前後）〜
2m15cm（10秒台））、女子はそれからマイナス15〜20cmを
目安にハードルを置きます。前半と後半の距離は、ハードル間
の距離×10にプラス50cmくらいを目安にすると良いでしょう。

❸ 2回目のハードルに入ってからがこの練習のポイント。

❹ スピードに乗ったところから、さらに脚の回転を上げることができるか。

❻ ミニハードル走①で練習した、軽い接地を思い出しながらやってみよう。

❺ スピードを落とさないような、ブレーキをかけない足の接地ができるかがポイント。

 これはNG

脚を後ろで巻き込まない

十分に加速してスピードが乗っているときに、加速時のように力強く地面を蹴るために長い
接地時間を作ってしまうと、後ろに力が逃げてしまう。そうなるとエネルギーのムダなので、
スピードが乗ったときには接地時間を短く、脚を前で回転させる意識で走ってみよう。

07

スキップ走

① 思い切ってスピードを上げて行ってみよう。

② ステップを踏むときに、身体が浮き上がらないように。

⑧ できる限りスピードを上げて行ったほうが効果的だ。

⑦ 足首で伸び上がらずに、足先まで体重移動させ、すねを前に倒すイメージで。

⑨ 前の膝は下ろし始めるギリギリまでたたみ、下ろすときに膝の力を抜いて自然に振り出す。

⑩ スピードが上がったなかでも反対の腰を支持脚に追いつかせよう。

コーチ
からの
アドバイス

スピードをかなり上げた状態で、スキップで走る練習です。なるべく頭と肩、腰の位置が上下し過ぎないように注意しながらチャレンジしてみましょう。特に同じ脚で2回ステップを踏むときに、身体が浮き上がらないように気をつけましょう。

❸ 接地は真っすぐ、地面に対して垂直に足を下ろすように意識して。

❹ 接地から次のステップまでは素早く膝をたたんで前に突き出そう。

❻ 接地時間は短く、地面から反力をもらって前に跳ぶ。

❺ 脚を入れ替えたら前に跳ねる。上に跳ばないように注意しよう。

身体が平行移動するようなイメージで

スキップの動作でも身体が上下しないようにするのがポイント。膝を軽く曲げた状態のまま、すねを前に倒す意識で膝を軽く曲げた状態のまま、股関節から脚を動かしてコントロールしよう。

ねらい ▶ 接地時に軸を作って強い反力をもらう

接地を力強くする

横

① 腕を後ろ回しに回しながら行う。

② 脚を身体の前で真っすぐに下ろすイメージ。

④ 脚が力強く動くのだから、合わせて腕も力強く鋭く下ろそう。

③ 力強い接地から反力をもらい、身体が弾む感じでスキップする。

コーチ
からの
アドバイス

脚が身体よりも前にある状態から、真っすぐ力強い接地ができるかどうかをチェックし、その感覚を養っていく練習法です。腕を回しながら行うことで接地の瞬間のインパクトを強くしたり、身体の左右のバランスを取る感覚も養えます。

正面

① 正面から見たときのポイントは、真っすぐな軸を作ること。

② 腕を回したときに身体が左右にぶれないように注意。

③ 脚も内側に入ったり、外側に開いたりしないようにしよう。

⑥ 力強く接地することで強い力を得られることも感じとろう。

⑤ 膝がいちばん高い位置から力強い振り下ろしができて、強い接地を行えば行うほど強い反力をもらえる。

④ 真っすぐ振り下ろすイメージで行おう。

09

ストレートレッグ
→バウンディング

① 膝を伸ばした状態から脚を前に振り上げる。

② そのまま膝を曲げず、真っすぐ振り下ろして接地する。

⑧ 股関節から脚を大きく振り上げるようにして動かす。

⑦ 強い接地から、強い反力をもらって跳ぶ感覚を養っていこう。

⑨ 小さな動きにならないように注意しよう。

コーチ
からの
アドバイス

膝を真っすぐ前に伸ばした状態から、足の裏全体が接地するように振り下ろしましょう。脚全体のスウィング動作も体感できる練習です。足裏全体で接地すれば、大きな反力をもらって前に進めます。その感覚をバウンディングにもつなげましょう。

❸ 接地はかかとやつま先だけにならず、足裏全体がつくように。

❹ 強い接地から強い反力をもらって跳ねるようにして前に進む。

❻ 足裏全体で強く接地して跳ねる感覚を得てから、バウンディングにつなげる。

❺ 脚も股関節から大きく動かすように注意して行おう。

こんなイメージ

膝はしっかり伸ばす

膝をしっかり伸ばして、ハムストリングスだけではなく、お尻も伸びるような感覚で脚を前に伸ばして、振り下ろすのがストレートレッグのポイント。もし分かりにくかったら、チームメイトやコーチにも手伝ってもらって、膝を伸ばしたまま脚を斜め下に振り下ろす感覚を養ってからチャレンジしよう。

10

WAVE走

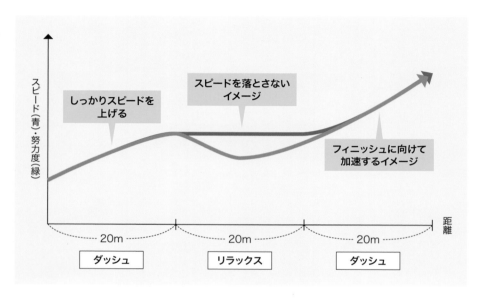

リラックスしても減速しないこと

途中で減速しないようにするのが、WAVE走のポイント。加速したスピードをリラックスしながら維持し、また再加速する。これがこの練習の最も大事なポイントだ。
ダッシュとリラックスの切り替え距離も20mにしたり30mにしたり、50mにしたりいろいろ行うと効果的。リラックスするときの努力度は80 〜 90％。また再加速するときに力を入れた分、スピードが出たかどうかがポイントになる。ただし、最後はダッシュで終わるようにすると良い。
上の例であれば、20m 〜 40mでストライドを小さくしないこと。40m 〜 60mでは、身体が起きた状態で加速する（2次加速）ことがポイントとなる。目的に応じて、さまざまなバリエーションが組める練習だ。

コーチ
からの
アドバイス

スピードの出し入れを高いレベルで行えるようになるための練習です。維持局面で減速するのではなく、加速、維持、再加速、という流れで行います。高いスピードで良いフォームを維持したり、タイミングを取る力を身につける良い練習です。

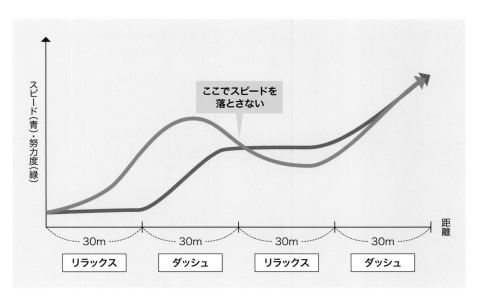

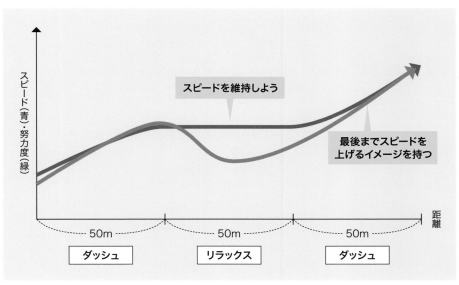

追い抜き走

前に出ている選手は95％程度のスピードをキープ。WAVE走の応用だ。

追い抜く選手は最初から全力を出し切ろう。

追い抜かれる選手は減速しないように注意しよう。

全力を出し切ることがこの練習の大きな目的だ。

95％程度の力でリラックスして走り続ける感覚を養うことも大事なポイントだ。

コーチ
からの
アドバイス

50cm ～ 1m程度差をつけてスタート。その後、お互いに1
～ 2回抜き返す練習です。追い抜いて前に出たら、95％程度
の力でスピードをキープするのがポイントです。相手を抜き去
る瞬間の感覚をつかみ、走りのイメージを良くしましょう。

2回、追い抜き、追い抜かれ
るパターンのときは、早めに
追い抜くようにしよう。その
ために、スタート地点の差を
短くするのも良い。

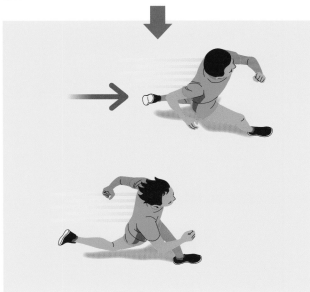

追い抜く方は全力で、追い抜
かれる方は90 ～ 95％程度
の力をキープし続けよう。一
度抜いたあとは、95％程度
の力で走り続ける。減速しす
ぎないように注意して。

12

ペース走・ビルドアップ・ジョッグ

ペース走では、高いスピードでやったり、少し軽めのペースでやったり、いろいろなスピードでやってみよう。時計がなくても自分で「何秒ペースで走れている」と感覚で分かるようになるのがベストだ。詳しいペースの目安表を153ページに記載。ビルドアップ走では4000m〜6000mを3〜4区間に分けて、緩やかにペースアップする方法もある。

⬆ ワンランクアップ

ペース走の最後にダッシュを入れる

6000m〜10000mをペース走で走り切り、そのあとに200m×5回や1000mでスピードを上げて走るのも効果的。有酸素と無酸素のトレーニングをそれぞれ効果的に組み込むことができる。

コーチ
からの
アドバイス

一定のペースを守り続ける走り方を覚えるのに使うのがペース走です。また、ラストスパートの練習にもなるのが、後半に徐々にスピードを上げていくビルドアップ。両方をうまく使って、苦しくても身体が動くような力を身につけていきましょう。

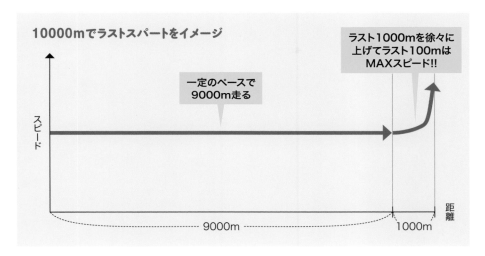

10000mでラストスパートをイメージ

一定のペースで
9000m走る

ラスト1000mを徐々に
上げてラスト100mは
MAXスピード!!

スピード

距離

9000m　　　1000m

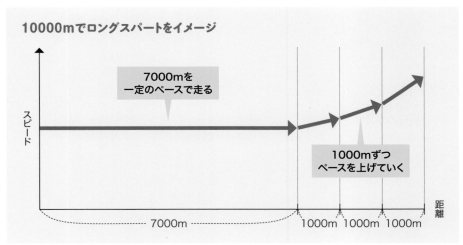

10000mでロングスパートをイメージ

7000mを
一定のペースで走る

スピード

1000mずつ
ペースを上げていく

距離

7000m　　1000m　1000m　1000m

ビルドアップはラストスパートを想定しよう

徐々にスピードを上げていくビルドアップは、ラストスパートをイメージして行おう。10000mであれば、ロングスパートを想定してラスト3000mを3段階でスピードを上げてみたり、最後の1000mでスピードを上げ、さらにラスト100mは全力を出し切ってみたりすると良い。

13

変化走&ファルトレク

変化走は、トータルの時間のなかで長めのジョッグと短めのハイペースを繰り返し行う練習だ。たとえば、40分間のなかで4分ジョッグ、1分ハイペースを繰り返し行う。

試合期は距離は短く、ハイペースで。鍛錬期には距離は長めで余裕を持ったペースで変化走を行うと良い。

変化走の例　※（　）内は走るタイム

中学男子の場合
1000m（4分20秒）+1000m（4分）+1000m（4分10秒）+1000m（3分45秒）

中学女子の場合
1000m（4分40秒）+1000m（4分20秒）+1000m（4分30秒）
+600m（2分24秒）+400m（フリー）

高校男子の場合（3パターン）
①2000m（8分）+2000m（7分30秒）+2000m（7分50秒）+1000m（3分30秒）+1000m（フリー）
②1000m（3分45秒）+1000m（4分）+1000m（3分45秒）+1000m（4分）+1000m（3分30秒）
③1000m（4分）+1000m（3分40秒）+1000m（3分50秒）+1000m（3分30秒）+1000m（フリー）

30〜60分のジョッグ：1分交互に速く走る、ゆっくり走るを繰り返す／3〜5分の間に1分間速く走る時間を作り、あとはゆっくり走る。

長距離、長時間を走るなかでスピードの上げ下げを行う変化走です。ペース走と回復のジョッグを繰り返すイメージです。有酸素能力とスピード持久力の強化を目的とした練習です。ロードだけではなく、クロスカントリーで行うのも効果的です。

ファルトレクは30 〜 60分の長時間のジョッグのなかに、1分程度の速いペースで走る区間と、ゆっくり走る区間とを交互に入れる練習です。坂道や整地されていないようなクロスカントリーで行うのも効果的。坂道はペースを上げて、平地はジョッグ、などと決めると良い。

軽めのペースでジョッグを行い、身体を回復させる時間を作る。心拍数もそれほど上げることなく、気持ち良く同じペースで走り続けられるスピードで行う。ある程度身体が温まったり回復したりしたら、今度はスピードを上げて走るのを繰り返す。

途中で階段を入れても良い。いろんな場所、いろんなシチュエーションで走るのも、ファルトレクのひとつだ。

駅伝競技の練習について

　チームでタスキを繋ぎ、それぞれの力を合わせて戦う駅伝競技。海外でもEKIDENとされる、日本独自の種目になっています。近年では海外でもEKIDENが開催されており、その注目度は低くありません。

　小学校では各地域で行われていますが、明確な全国大会はありません。中学生になってからは、全国中学駅伝、全国高校駅伝があり、大学生になったら有名な箱根駅伝に全日本大学駅伝、出雲駅伝の三大駅伝が行われています。社会人となったら、実業団のニューイヤー駅伝があります。

　これら駅伝のための練習で大事にしてもらいたいのは、時計がなくてもひとりでペースを刻めるようになる練習です。駅伝では1走を除き、どんなシチュエーションでタスキを受け取るか分かりません。集団でもらうのか、単独でもらうのか、前を行くチームから離されているのか、後ろが迫っているのか。選手によって得意なシチュエーションはあれど、どんなシチュエーションにも最低限は対応できる準備はしておく必要があります。

　そのための力が、時計がなくてもひとりでペースを刻む力です。自分が安定して走りきれるペースを理解していれば、まず最後までそのペースを刻めば失速することなく走りきれることができます。集団で走っているときでも、周りの揺さぶりに惑わされずに走り切る力にもなります。まず、このペースを刻む力を身につけた上で、自分の特性を知り、それに合わせた走り方を身につけていきましょう。個人スポーツでありながら団体競技でもある駅伝。その一体感で一気に強くなる選手が出てくるのが魅力です。

ハードル

全力で走り抜けるだけではなく、
自分をコントロールする力も必要なハードル。
ひとつずつ動きを確認していこう。

01

ハードル技術の
チェックシート

	［カテゴリ］	チェック項目	✔ （チェック）
1	［ハードル］	スタートで立ち上がりが早すぎないか〈自分のクセ〉	☐
2	［ハードル］	踏み切りの2歩前から脚が流れてしまっていないか〈自分のクセ〉	☐
3	［ハードル］	1歩前をついたときに遊脚の膝が軸足の膝より前にきているか〈自分のクセ〉	☐
4	［ハードル］	踏み切り1歩前から踏み切りが間延びせずタタンと入れているか〈自分のクセ〉	☐
5	［ハードル］	1台目の踏み切りを適切な姿勢で入れているか（高い位置・適切な上半身の姿勢）〈自分のクセ〉	☐
6	［ハードル］	踏み切り時に膝下を出さずに身体の真下（やや後方）で踏み切れているか〈自分のクセ〉	☐
7	［ハードル］	踏み切り脚に体重に乗ったとき、リード脚がしっかり前に膝をたたんで引き出されているか〈自分のクセ〉	☐
8	［ハードル］	踏み切り時に上半身をつぶした（腰の高さが低い：推進力を生まない）踏み切りになっていないか〈自分のクセ〉	☐
9	［ハードル］	踏み切り位置が近くなりすぎていないか（高校男子で8足、女子で7.5足以上が目安）〈自分のクセ〉	☐

コーチ
からの
アドバイス

ハードルで大切なのはリズムです。そのリズムを刻めているか
どうか、リズムを刻むための動き、動作ができているかどうか
を重点的にチェックしていきましょう。軸とバネ、上半身と下
半身の連動もできているかどうかも大切なポイントです。

［カテゴリ］	チェック項目	✔（チェック）
10 ［ハードル］	踏み切り時の空中で正面から見てリード脚側に上半身が傾いていないか〈自分のクセ〉	☐
11 ［ハードル］	踏み切り直後にリードアームの肘が身体よりもしっかり前にきているか〈自分のクセ〉	☐
12 ［ハードル］	踏み切り直後にリードアームは適切に曲げ、前後方向に力が入っているか（横に振っていないか）〈自分のクセ〉	☐
13 ［ハードル］	着地前にリードアームをリード脚が下がり始める前の早いタイミングで戻そうとしていないか〈自分のクセ〉	☐
14 ［ハードル］	ハードル上で抜き脚を早く前に持ってこようとしすぎていないか〈自分のクセ〉	☐
15 ［ハードル］	着地前にリード脚を早いタイミングで下ろそうとしていないか〈自分のクセ〉	☐
16 ［ハードル］	着地のときに軸脚から頭の先までが一直線（やや前傾）になっているか〈自分のクセ〉	☐
17 ［ハードル］	着地のときに抜き脚の腰、膝が身体の正面まで持ってこれているか〈自分のクセ〉	☐
18 ［ハードル］	着地後の0，1歩目で鋭く走りにつなげられているか（かかとに加重した着地になっていないか）〈自分のクセ〉	☐

02

抜き脚ドリル

① リズムを取って実際にハードルを跳ぶ歩数に合わせる。ハードル間は13足長が目安。

② 一歩を大きく踏み出して1ステップ。リード脚はハードルの少し手前につこう。

④ 抜き脚の膝は高い位置で身体の正面まで。脚を振り下ろすときは力強く。

③ 脚を横に開くようにして股関節から脚を持ち上げる。

⑤ つま先が横を向かないように、真っすぐ下ろすように意識しよう。

コーチからのアドバイス

抜き脚で大切なのは、リズムと股関節の動き。股関節を大きく動かすためには、骨盤が前傾している必要があります。軽く前傾姿勢を取り、脚を横に開くようにして脚を持ち上げてみましょう。下ろすときは、真っすぐに接地するようにしてください。

正面

①正面から見たときに、身体の軸が左右にぶれないようにしよう。

②股関節から脚を持ち上げるイメージを持って。

③ここで身体が横にずれたり、頭の位置が横にぶれたりしないように注意する。

⑥腕振りも鋭く、力強い接地で地面をとらえよう。

⑤振り下ろす際には、脚を真っすぐ正面に向ける。

④しっかりと脚を持ち上げてハードルを乗り越えよう。

ステップを踏んでリズム良く!

抜き脚を持ち上げるときにワンステップ、大きく踏み出す。そして抜き脚を持ち上げてハードルを越え、力強く真っすぐ振り下ろして接地してツーステップ。このリズムで抜き脚の動きをマスターしていこう。

03

リード脚ドリル

① 焦らず、ゆっくり歩いて自分が踏み切るタイミングと位置を確認。

② 自分が思っているよりも少し遠目のところから脚を振り上げる。

③ リード脚を股関節から動かし、真っすぐ前方に向かって振り上げる。

⑥ 足の裏全体で力強く接地しよう。

⑤ 脚の振り下ろしは真っすぐ、垂直に。

④ 膝をたたんだままリード脚を出すこと。腕振りも前後にしっかり開こう。

コーチ
からの
アドバイス

前に振り上げるリード脚の動きを学んでいきましょう。実際に
ハードルを越えない練習なので、股関節から脚を持ち上げるの
はもちろんですが、上ではなく、脚を前に出す、膝をたたんで
前に出す、という意識を持ってやってみてください。

正面

❶ 軸は左右にぶれない
よう真っすぐをキー
プ。

❷ 上ではなく、脚全体
を股関節から前に出
す、というイメージ
で。膝はたたんで出
そう。

❸ リード脚に身体が
引っ張られるくらい
のイメージで力強く
振り上げよう。

❹ 脚の振り下ろしは
真っすぐに。ここで
軸がぶれると力が逃
げるので注意。

04

着地軸作りドリル

① リード脚でハードルをまたぐ。

② 軸がぶれないように注意しながら抜き脚でジャンプ。

③ 頭が突っ込んだり、背中が反ったりしないように注意。

⑥ 着地したらそのまま前に重心移動させていく。

⑤ 抜き脚の腰がしっかりと前に出ているかどうかも確認しておこう。この姿勢が大切。

④ 軸を保ったまま、スムーズに脚を入れ替えるようにしてハードルを越える。

コーチ
からの
アドバイス

ハードルを乗り越えるリズムに加えて、地面からの反力をもらって前に飛び出すための軸作りが主な目的です。リード脚を上げてハードルをまたいだら、一気に抜き脚とを入れ替えるようなイメージでハードルを乗り越えましょう。

正面

① しっかりと股関節から脚を上げてポジションを作る。

② 軸が前後左右に動いたりぶれたりしないようにする。

③ 頭の位置が最初の構えのところから上下しないように股関節から脚を動かす。

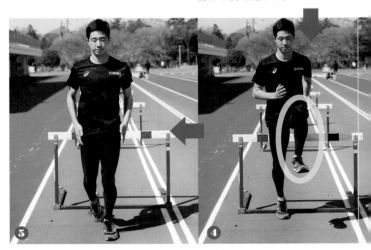

⑤ 脚が後方に流れないように注意して。

④ 抜き脚もハードルを越えたら真っすぐに。

05

短いインターバル走

① インターバルが短いので、リード脚も素早く下ろすよう意識しよう。

② スピードを保つよりもピッチを上げることを目的として行おう。

⑧ ハードルを越えるときは頭の高さが走っているときと変わらないように。

⑦ 空中の胸の下で腕と膝が交わるイメージ。

⑨ 跳んだらリード脚を素早く下ろして次のステップにつなげる。

⑩ ピッチを上げてスピードを保てるように、86ページで学んだ着地姿勢がしっかり作れるように。

コーチからのアドバイス

4足ほどハードル間の距離を短くした状態で行うトレーニングです。ハードルの間が短いので、自然とピッチが上がります。速いピッチのときの脚の動かし方や、軽く跳びねるような接地の感覚を養っていきましょう。

❸ 腰が落ちて足をベタベタと地面に接地してしまうとピッチが上がらない。

❹ 軽く、素早く反力をもらえるように軽い接地を心がけよう。

❻ 踏み切りはハードルからできるだけ遠くを意識する。近いと身体が浮き上がってしまいロスになる。

❺ 脚だけではなく、腕も素早く振ることがピッチを上げるには大事。

06

1台目まで2歩増やした アプローチ法

❶ 1台目のハードルに入る歩数を2歩増やすと、普段よりもスピードが上がる。

❷ 普段よりも高いスピードでハードルに入るため踏み切り準備を早くしよう。

男子は4m50cm～5m、女子は4m～4m50cm スタート位置を下げる

最初のハードルまで2歩多く距離を取る！

スタート位置の目安

2歩、ハードルへの入りを長くするだけでもスピードの乗りが大きく変わる。男子は4m50cm～5m、女子は4m～4m50cmスタート位置を下げる。ハイスピードでもピッチを刻み、ハードルに対応できる力を身につけていこう。

コーチ
からの
アドバイス

最初のハードルまでの距離を、たった2歩分増やすだけでも、全然スピードの乗りが違います。そのスピードに乗った状態でピッチを上げること、遠くから踏み切ることが、この練習の大事なポイントになります。

❸ スピードが上がる分、ハードルからある程度距離を取って踏み切れるように練習しよう。

❹ リードアームを思い切って前をつかむイメージで。

❻ ハードルを越えるときは身体が浮き上がらないように注意。

❺ 頭の高さが一定のままハードルをクリアできるように練習していこう。

ワンランクアップ

できるだけ遠くで踏み切ろう

スピードが上がると、ハードル間の歩幅も広くなって詰まってしまいやすい。そうするとハードルを越えるときに身体が浮き上がってしまいロスにつながる。身体の浮き上がりを抑えるためにも、できるだけ遠くから踏み切るように意識して行ってみよう。

5歩＋3歩ハードル

高校生の場合、男子のハードル間は12m〜12m50cm程度、
女子のハードル間は11m〜11m50cmが目安。
中学生の場合、または土のグラウンドの場合は、上記から50cm程度
短くすると良い。

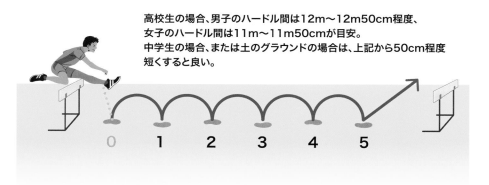

遠くから踏み切る感覚を身につけよう

スピードに乗りつつ、遠くから踏み切ってハードルを越える感覚を身につけよう。5歩だと、自然と遠くから踏み切るハードルができる。その感覚をしっかりと身体に染み込ませることが大事なポイントだ。

5歩＋3歩のハードルの間隔

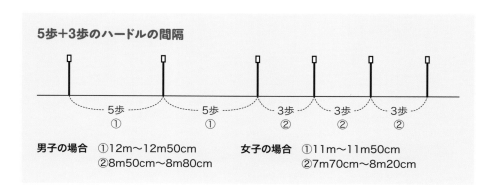

男子の場合　①12m〜12m50cm
　　　　　　②8m50cm〜8m80cm

女子の場合　①11m〜11m50cm
　　　　　　②7m70cm〜8m20cm

コーチ
からの
アドバイス

ハードル間の歩数を5歩で3台クリアしたあと、3歩で3台跳ぶ
練習です。踏み切り位置がハードルから近くなってしまう場合
に行うと効果的です。5歩でスピードに乗りながら遠くから踏
み切る感覚を得て、それを3歩につなげましょう。

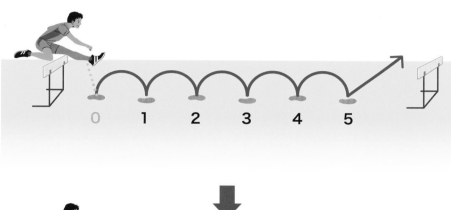

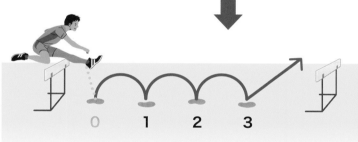

5歩ハードルの感覚で3歩を跳ぶ

5歩ハードルで得た遠くから踏み切る感覚を、そのまま3歩ハードルに生かそう。5歩
ハードルのときに、どのくらいから踏み切れば身体が浮き上がらず、スピードを殺さ
ない踏み切りができるかを学んでおき、その感覚を持って3歩ハードルに入る。その
ために、しっかりとピッチを上げて3歩を刻めるように練習していこう。

ねらい ▶ 後半のスピードを維持する

オーバーハードル

ラストまでスピードを保つことが大事

最後の1台まで気を抜かないで走り切ることが大事。ただ2台プラスする、というのではなく、その2台プラスに意味があることを理解して練習しよう。最後までフォームを崩さず、リズムを崩さずに走り切るように心がけて。

本来は10台で行うハードル競技ですが、それを12台にして行うトレーニング方法です。10台で終わるのではなく、最後のプラス2台までしっかりとリズムとスピードを維持することが、この練習の大事なポイントです。

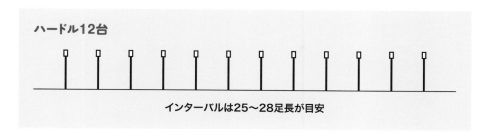

ハードル12台

インターバルは25〜28足長が目安

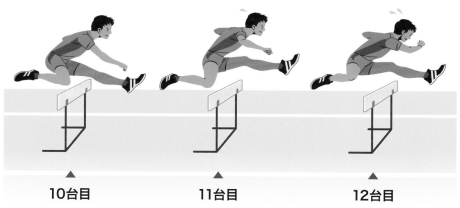

| 10台目 | 11台目 | 12台目 |

ハードル間のインターバルは、少し余裕をもって(狭くして)設置しましょう。

後半のスピード維持が目的

12台目までスピードを落とさずに跳ぶことができれば、試合で10台跳ぶときには最後の最後までスピードを維持できるような感覚を身につけることができる。それに、プラス2台での練習をしておけば、選手心理として10台のハードルを楽に感じることもできる。体力、メンタルの両方の面で効果的な練習だ。

400mハードルの特性と走り方

　400mハードルでは、最後まで歩数を刻むことができるかが大事なポイント。基本的には、男子は15歩、女子は17歩を目標として練習していきましょう。それでも、最後まで安定した歩数で走り切ることが難しいのが、この400mハードルです。実は400mハードルのほうが頭を使うので、体感的なきつさは400m走よりも楽だという人がほとんどです。

　前半の3〜4台目まで力感なく、楽に脚を回転させること。ハードルを遠くから見て、踏み切り位置を減速せずに調整できる能力が大切です。また、この400mハードルのためにぜひ練習しておきたいのが、逆脚での踏み切りです。右脚で踏み切る選手であれば、左脚でも右脚と同じとまでは言いませんが、それに近い踏み切りができると良いです。切り替えのタイミングは、前のハードルを下りたところである程度決めておきましょう。

　片方の脚でしか踏み切れない場合、後半に歩数が増えてしまったとき、必ず2歩プラスになります。するとハードルまでの距離がかなり詰まり、踏み切りまでにスライドを狭くしたり、ピッチを上げたりとムダな作業が増え、失速する大きな原因になります。

　そこで、疲労で歩数を保つのが難しくても、できるだけスピードを維持するためにも1歩の追加で収めたいところ。そのために、逆脚でもスムーズに踏み切ることができる練習をしておく必要があるのです。後半の勝負どころは8台目。必ずスピードを上げた状態で入れるようにしましょう。

　10台目を超えてから選手が死力を尽くすところこそが、この400mハードルの見どころでもあります。

Chapter

6

リレー

いつの時代でも花形種目のひとつなのが、リレー。
バトンの渡し方ひとつで、
自分の力以上の結果を残せる可能性もあるのが魅力だ。

01

バトンのもらい方

① バトンを受け取る側は、後ろを見て自分の走り出しのタイミングを計る。コースと前走者の腰を見る。

② 一度走り出したらもう後ろは一度も見ないようにする。振り返ると手がぶれるためだ。

⑧ 渡す側は最後までしっかり渡すこと。受け取る側が持ったことを確認する。

⑦ 手にバトンが当たったら、しっかりと握り込む。

⑨ 握って走り出したのを確認してから、渡す側はバトンを離す。

⑩ ここまで一度も減速せず、むしろ加速していくことが受け渡しの大事なポイントだ。

コーチ
からの
アドバイス

リレーバトンをもらうコツは2つ。腕から手を真っすぐにして
もらうことと、後ろを振り返らないことです。そして、何より
ももらうまでに減速をしないことが大事です。繰り返し行い、
受け渡しのタイミングを身体に覚え込ませておきましょう。

3

受け取る側は渡す側が来ると信じることが大事
だ。

渡す側の『ハイ』というかけ声に合わせて腕を
後ろに伸ばす。

6

受け取る側は、肘を伸ばして真っすぐ腕を後ろ
に出しておくことがポイント。

5

腕を伸ばしたままで走るのは、できるだけ短く
すむようなタイミングを見つける。

02

バトンをもらう姿勢と渡し方

1 後ろ脚を前に出すスタート方法が主流。前の走者が残り20mくらいになったら構えよう。

2 後ろの脚で軽く反応すると同時に重心を前側の脚にかけることでスムーズに走り出せる。

3 2歩目がスムーズに出せるように、前傾姿勢を取る。毎回同じ反応、同じ出方をしよう。

1 前脚から一歩踏み出す方法は、反応が安定しやすい。パワーのない選手やスタートの苦手な選手は試しても良い。

2 後ろ側の脚で地面を蹴ることがポイント。反応を合わせる1歩目は小さめが良い。

3 このスタート方法でも、上半身はしっかり倒して前に重心をかけて走り出そう。

バトンを受け取る側は、スタートが大事になります。最初の走り出しがスムーズに、かつタイミングを合わせなければなりません。自分が加速しやすい姿勢、スタンスからスタートしましょう。だいたい15〜20m付近で受け取れるとベストです。

落とさないバトンの渡し方

バトンを手の平の親指と人差し指の間に当てるのが、落とさないバトンの渡し方。受け取る側は手の平を真後ろに向けて、親指と人差し指でへの字を作るようにすると良い。渡す側は、垂直に真っすぐな状態でバトンを渡すこと。そして、バトンを渡す側の腕と受け取る側の腕が一直線になるようにすると落としにくい、スムーズなバトンパスができる。

✕ これはNG

バトンのダメな渡し方

親指にバトンを当てたり、手の平ではなく指にバトンを当ててしまうと握り込めなくなり、バトンを落としやすくなる。

✕ これはNG

やってはいけない構え方

リード脚のつま先を横に向けるのはNG。つま先は必ず進行方向に向けよう。

腰を落としすぎると耐えきれず早出してしまいやすいので注意。

03

バトン練習方法①

トラックで行うバトンパスの練習は、全力で行うことが望ましい。

前走者は80mくらいは走ろう。全力でなければ、渡す際の歩数がずれてしまう。

もらう側はスタートしたら加速し続けるように意識すること。

バトンをもらう側は手がぶれるので、決して後ろを振り向かないことを徹底しよう。

これまで説明してきたポイントを押さえつつ、実際に練習して
みましょう。直線での受け渡しとコーナーでの受け渡しがあり
ますので、ふたつとも走順に合わせて行っておく必要がありま
す。ブレーキがかからないバトンパスを習得していきましょう。

もらう側は肘を伸ばして腕を真っすぐに。渡す
側も直線的にバトンを突き出す。

渡す側は、受け取る側が握るのを確認するまで
手のバトンを押し当て続ける。

バトンを渡し終わっても、3、4歩はトップス
ピードを維持し続けると良い。

握ったのを確認したら、バトンを手放す。渡す
側もスピードをまだ緩めないこと。

マークする足長目安

男子） 40〜41秒台：27〜30足長
43〜45秒台：24〜28足長

女子） 46〜48秒台：23〜27足長
50〜51秒台：22〜24足長

走者に力の差があるときは、早く渡す、または長く引っ張って渡せるようにしよう。
バトンをもらう走者ができるだけ高いスピードでもらうことが大切。

バトン練習方法②

1 前の走者との距離をしっかりと見てタイミングを図る。

2 走り出しから素早く加速できるようにスタートしよう。

1 渡す側は、あと2歩で渡せる、というところで『ハイ』と大声で声をかける。

2 それを聞いた受け取る側は、手の平を真後ろに、肘を伸ばして受け取る態勢を作る。

1 しっかりとバトンを握ったことを確認してから手を離す。

2 渡す側も受け取る側も減速しないことがいちばん大事なポイントだ。

バトンをもらう側は、飛び出してから約6〜8歩程度のところで後ろから「ハイ」の声がかかるタイミングでスタートできるように練習してください。渡す側は、あと2歩で渡せる、というところで声がけできるようにしましょう。

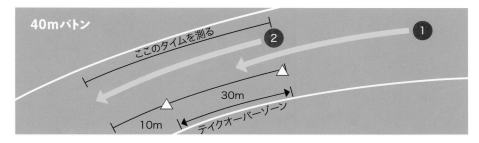

40mバトン

ここのタイムを測る

30m

10m

テイクオーバーゾーン

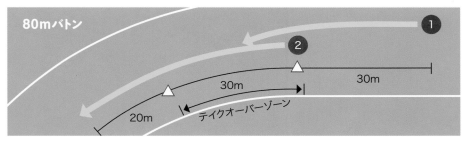

80mバトン

30m

30m

20m

テイクオーバーゾーン

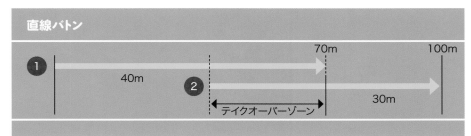

直線バトン

40m

70m

100m

30m

テイクオーバーゾーン

ワンランクアップ

最後の最後まで減速はしない

渡す側は、受け取ったあとの走者がバトンを握って走り出したのを確認するまで、絶対に減速しないこと。そして、受け取る側はもし理想のタイミングでバトンをもらえなかったら、20m過ぎで少しだけスピードを緩めて受け取ろう。ただ、できればこの微調整もせずにバトンパスを終わらせられるように、何度も練習しておくことが大切だ。

4×400mリレーの作戦と走り方

　距離が約1マイルなので、マイルリレーとも呼ばれるこのリレー。多く
の大会でトラック＆フィールドの最終種目として行われることが多く、非
常に盛り上がる種目のひとつです。

　勝負のポイントはいくつもありますが、そのひとつが600mの通過です。

　第1走はセパレートレーン（自分のレーン）で走りますが、第2走の第2
コーナーを抜けたあとからオープンレーンとなります。そこまでにある程
度前に出ておかないと、外を回らされる可能性が出てきてしまいます。そ
のため、戦略として第1走に安定した力を持ち、できるだけ上位で勝負で
きる選手を配置します。そして、第2走にはスピードがあり、勇気のある
選手を置き、バトンを受け取ったあとに高いスピードを発揮し、できるだ
け前で第2コーナーを抜けられるようにしておきましょう。

　もうひとつの勝負ポイントは、第3走の選手配置。ここには後半が得意
で勝負の展開に応じたレースができる選手を配置しましょう。リレーゾー
ンはコーナートップ制なので、第3コーナーでできるだけ前に出ること、そ
してラスト100mでできるだけ前に出ることが、アンカーで勝負を懸ける
ための準備として重要なポイントになるのです。アンカーはエース級の選
手またはスピードのある選手で、ラストの競い合いに強い選手にしましょう。

　これらはあくまで戦略のひとつです。チームの実力や特徴によって、作
戦の幅は広がります。このように、4×100mリレーよりも多くの戦略が
存在し、それによって勝敗も大きく左右されることがある。それがこのマ
イルリレーの魅力と言えるでしょう。

跳躍種目の練習方法

今までの練習で養ってきたバネを
最大限利用するための助走や踏み切りを学び、
最高の跳躍ができるようにトレーニングしていこう。

01

跳躍技術のチェックシート

［カテゴリ］	チェック項目	✓ （チェック）
1 ［走幅跳］	助走の出だしでピッチに頼りすぎずしっかり地面をとらえているか 〈自分のクセ〉	☐
2 ［走幅跳］	毎回、同じリズムで同じストライドで走れているか 〈自分のクセ〉	☐
3 ［走幅跳］	集中した一本の出だしでピッチに頼りすぎていないか 〈自分のクセ〉	☐
4 ［走幅跳］	踏み切り前から前さばきの動きができているか（脚が流れていないか） 〈自分のクセ〉	☐
5 ［走幅跳］	踏み切り2歩前から1歩前で極端な後傾姿勢になっていないか 〈自分のクセ〉	☐
6 ［走幅跳］	踏み切り1歩前から極端な後傾姿勢になっていないか 〈自分のクセ〉	☐
7 ［走幅跳］	踏み切り1歩前でブレーキがかかっていないか 〈自分のクセ〉	☐
8 ［走幅跳］	踏み切りで体重が乗ったときにリード脚の腰と膝が前に引き出されているか 〈自分のクセ〉	☐
9 ［走幅跳］	踏み切り時にリード脚がたたまれて（かかとが踏み切り脚の膝の横を通過して）いるか 〈自分のクセ〉	☐
10 ［走幅跳］	リード脚が上ではなく前方向にしっかり引き出されているか 〈自分のクセ〉	☐
11 ［走幅跳］	地面を離れるときに脚から頭までが一直線になり上半身が後傾しすぎていないか 〈自分のクセ〉	☐
12 ［走幅跳］	踏み切りで伸び上がるまで腕と肩でしっかり引き上げているか 〈自分のクセ〉	☐
13 ［走幅跳］	空中動作に早く入りすぎていないか 〈自分のクセ〉	☐
14 ［走幅跳］	着地姿勢に入るときに身体が一番上がる前に腕が早く前にきすぎていないか 〈自分のクセ〉	☐
15 ［走幅跳］	脚を引き出すまで、踏み切り脚の反対の腕が耳の少し後ろで待てているか 〈自分のクセ〉	☐
16 ［走幅跳］	着地準備の際に足の裏が進行方向を向いているか 〈自分のクセ〉	☐
17 ［走幅跳］	着地地点が中央か（左右に寄っていないか） 〈自分のクセ〉	☐

コーチ からの アドバイス

バネを最大限利用して行う跳躍種目。そのバネを発揮できる軸を作れているかどうかも大事なチェック項目ですが、それに加えて、バネを発揮するための助走や踏み切りができているかどうかも忘れずに確認していきましょう。

［カテゴリ］	チェック項目	✓（チェック）
18 ［走高跳］	直線から内傾助走に入るところにマークを置いてあるか（そのマークを踏めているか）〈自分のクセ〉	☐
19 ［走高跳］	直線助走のリズムは毎回安定しているか（内傾に入る前のマークを踏む位置は毎回安定しているか）〈自分のクセ〉	☐
20 ［走高跳］	内傾助走の際に身体が内側を向きすぎていないか〈自分のクセ〉	☐
21 ［走高跳］	内傾時に身体の軸に対して頭だけ中に傾いていないか〈自分のクセ〉	☐
22 ［走高跳］	内傾を走るときに膝が伸びきらずに走れているか〈自分のクセ〉	☐
23 ［走高跳］	踏み切り位置が近すぎないか（踏み切り後の身体が浮く軌道の頂点がバーと合ってるか）〈自分のクセ〉	☐
24 ［走高跳］	助走が早すぎて踏み切り1歩前でブレーキをかけて助走の流れを止めていないか〈自分のクセ〉	☐
25 ［走高跳］	助走で走りすぎて内傾が外にふくらみ、横からバーに向かっていないか〈自分のクセ〉	☐
26 ［走高跳］	踏み切り脚の接地時に軸がしっかりと作れていて、強い踏み切りができているか〈自分のクセ〉	☐
27 ［走高跳］	上半身が立っていないか〈自分のクセ〉	☐
28 ［走高跳］	1歩前の脚のすぐ横を踏み切り脚が通過して踏み切っているか〈自分のクセ〉	☐
29 ［走高跳］	踏み切り脚のつま先がバーに対して横を向いていないか（バーに対して45°のイメージを持てているか）〈自分のクセ〉	☐
30 ［走高跳］	踏み切り脚側の腕がしっかり振れているか〈自分のクセ〉	☐
31 ［走高跳］	リード脚の膝がバーに向かいすぎていないか〈自分のクセ〉	☐
32 ［走高跳］	地面から離れた際に上半身の伸び上がる方向に対して頭だけ極端に前傾していないか〈自分のクセ〉	☐
33 ［走高跳］	空中で頭を下げる（身体を反る）タイミングが早すぎないか〈自分のクセ〉	☐

ねらい ▶ 跳躍までにスピードに乗る走り方を身につける

走幅跳の
助走から踏み切り

① 加速区間では、しっかりと地面を押してスピードを上げていこう。

② 身体が浮き上がらないように注意。腕振り、リズムの大きさを一定に。

③ 加速するにつれて、徐々に身体を起こしてストライドを大きくしていく。

① 最後の4〜6歩は、踏み切りを合わせる準備区間。つま先が下がらないようにしよう。

② ストライドやピッチを大きく変化させないことも大切。脚が流れないように。

③ スピードを維持してスムーズに踏み切れるようにしよう。タ、タンのリズムを大切に。

コーチ
からの
アドバイス

大切なのは踏み切りまでの歩数を決めることです。リズムとストライドを安定させられるので、再現性の高い跳躍ができるようになります。また、スピードを落とさず、思い切って自分のリズムで踏み切れるようになることが大切です。

加速から次の区間は、トップスピードに乗せていく。

このあたりから、接地は短く。後ろに向けて地面を押しすぎないように。

トップスピードに乗せたら、加速する意識は持たず、スピード維持に切り替えよう。

踏み切り位置を気にしないで、ちゅうちょせず思い切って踏み切ろう。

トップスピードを生かして軽く跳ね、膝をできるだけ奥につき出すイメージを持つ。

高く飛び上がるのではなく、前方に向けて飛び出すイメージを持とう。

03

足合わせ＆踏み切り

① トップスピードのままリラックスして踏み切りまで駆け抜けることがポイント。

② 見えている景色と、踏み切りが合う感覚が一致するようにするのも大事。

助走の区間分け

加速	中間（トップスピード）	踏み切り準備
しっかり押す、しっかり加速 5〜8歩	トップスピードにしっかり乗せておく	力まずスムーズに 2〜4歩以内

高校生男子18〜20歩（40m前後）、女子17〜19歩（35m〜36m前後）が望ましい。
上記の距離は男子7m、女子5m中盤を目標とする目安になる。男子11秒前半、女子は13秒台前半が必要。

コーチ
からの
アドバイス

助走のリズムを一定にすることも、踏み切りで失敗しないコツです。もしファウルをしても、助走が一定ならスタート位置を変えるだけで調整できます。また、踏み切りの一歩手前では身体が後傾しすぎないように注意しましょう。

③

④

踏み切りの1歩前で身体があまり後傾しないこと。真っすぐ前に跳ぶ意識をしっかり持つ。腰が引けたり、重心が下がってブレーキがかからないようにしよう。

上に跳ぶのではなく、しっかり前に、駆け抜けるようなイメージで、考えすぎず思い切って踏み切ろう。

ワンランクアップ

集中した1本でどうなるかをチェック

試合での最後の1本は、気合いが入るもの。そうすると、練習よりもストライドが大きくなったり、ピッチが速くなったりして踏み切りが合わなくなる可能性が高くなる。ピッチが速くなるのかストライドが大きくなるのか、自分はどうなりやすいのかを確認しておくと、助走を合わせやすくなる。

ねらい ▶ 飛距離を出せる空中姿勢を学ぶ

空中～着地動作

反り跳び

1 反り跳びの場合は、まずは踏み切りでしっかり腰を前に突き出して跳ぶ。

2 腕を後ろに引くタイミングが早くならないようにしよう。

3 そのあと、胸を張るようにして身体を反らせるが、腰は反らせないように。

6 着地時に身体が後ろに倒れすぎないよう、しっかり上半身を前に倒す意識を持つ。

5 反り跳びはこのタイミングを合わせやすいのが特徴だ。足の裏が真横を向くくらいしっかり投げ出そう。

4 身体が落下し始めたところで腹筋の力が抜けると着地の脚が出てこない。腕と脚を同時に前に持っていく。膝を身体に近づけよう。

コーチからのアドバイス

走幅跳の空中姿勢で大事なのは、跳び出し時には腰を前に突き出し、着地前に腕と脚を同じタイミングで前に出すこと。これができるならば、反り跳び、挟み跳びの2種類がありますが、自分が跳躍しやすい方を選んでOKです。

挟み跳び

① 反り跳びに比べて、前に跳び出すイメージがしやすいのが挟み跳びだ。

② 反り跳びと同様に、しっかりと腰を前に突き出すように意識する。

③ リード脚が下がったところと、同じ側の腕が肩の真上にきたところを合わせよう。

⑥ かかとが着地したところより奥にお尻をすべり込ませるイメージで。

⑤ 上半身をしっかり前に倒す。反対の脚もこのタイミングでしっかり投げ出そう。

④ 腕と脚はこのタイミングで同時に前に出そう。

リズムアップの感覚を養う

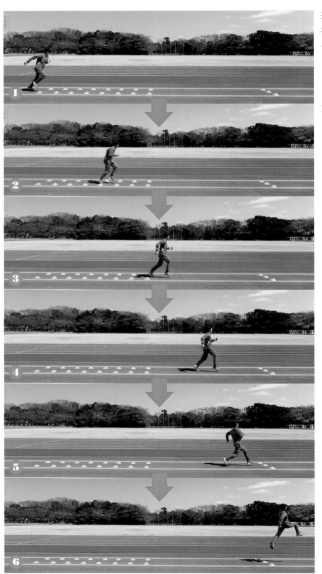

約3足おきにマーカーを置き、狭い幅のなかで細かく足を素早く刻む。

軸を真っすぐに保ち、地面から反力をもらう感覚をしっかりここで身につける。

足が後ろに流れないようにするのも大事なポイントだ。

反力をもらう感覚を養ったら、そのまま走りにつなげていく。マークを超えたあとの自然なリズムアップが大切。

スピードを上げるというよりは、反力をもらう動きを確認することが大切。

最後は踏み切ってフィニッシュ。腰をしっかり前に突き出して飛び出そう。

コーチ からの アドバイス

接地した足が地面から反力をもらい、前に跳ぶような感覚を養い、その感覚のまま4歩程度走ったあとに踏み切る練習です。細かく足を刻む動きのなかで反力をもらいましょう。ピッチを上げても背中が丸まらないようにしましょう。真っすぐな軸＝反発力です。

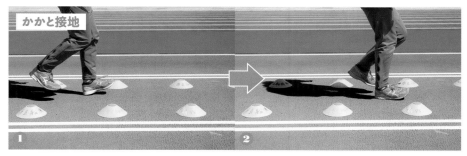

かかと接地

1　2

かかと接地では、前に進む力をもらえないが、股関節の力は伝えやすい。

足の軌道をしっかり意識して行おう。くるぶしの真下に力を加えるように。

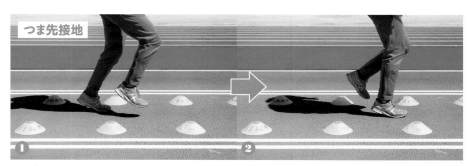

つま先接地

1　2

つま先接地は反力を感じやすい。すねの方向に力が返ってくることを感じとろう。

ブレーキがかからないように、真上から素早く地面をとらえることが大切。

フラット接地

1　2

最後にフラット接地。足の裏全体で地面をとらえるように接地する。

地面からの反力がしっかりもらえ、股関節の力を伝える感覚が分かるはずだ。

06

スピード感を養う
トレーニング

下り坂トレーニング

下り坂トレーニングでは急坂は危険なので、できるだけ緩やかな坂のほうがお勧め。

前に脚が抜けていく感覚を掴みやすいので、ぜひチャレンジして見よう。膝下に力が入るとブレーキになるので注意しよう。

脚の筋肉が少ない小中学生の場合は、負担を考えるとできれば緩やかな芝の坂が良い。

コーチ からの アドバイス

下り坂やアシステッドチューブで、普通に平坦な場所を走るよりも脚の回転を速くできたり、前に抜ける跳躍の感覚を学べる練習です。自分の力以上のスピードを体感することで、脚の感覚を良くする狙いもあります。

アシステッドチューブ

アシステッドチューブ

①

アシステッドチューブはペアで行おう。チューブは両者とも腰につけて行う。前の人が先に走り、チューブがしっかりと伸びたところで後ろがスタート。

②

チューブに引っ張られて出るスピードに脚を回転させてしっかりついていくのがポイントだ。バウンディングや連続で三段跳も行ってみて、前に抜けていく感覚を養うのも良い。体幹が弱いと下半身が後ろに遅れてしまうので、体幹強化としても行うと良い。

ねらい ▶ 助走から跳ぶ姿勢までの動きを覚える

走高跳の踏み切り姿勢

最後の1ステップ

①
最後の1ステップをイメージ
したドリルトレーニング。

②
腿を挟むような動きが入るこ
とで、身体が前に突っ込みに
くくなる。

③
身体が真っすぐ（軸を作れて
いる）の状態を作ろう。腰と
足先を素早く前へ。

⑤
軸足と反対の脚を大きく振り
上げるようにしてジャンプす
るイメージで止める。

④
踏み切る側の脚にしっかりと
体重を乗せる。拇指球にしっ
かり体重を乗せよう。

コーチ
からの
アドバイス

走高跳は、走幅跳よりも踏み切りの姿勢が大事なポイントです。頭が前に突っ込んだり、膝が曲がりすぎてもダメ。まずは2種類のドリルを使って、踏み切り時の姿勢と踏み切りの脚に体重をしっかり乗せる動きを作っていきましょう。

低重心走から踏み切り

1

2

3

低重心走から踏み切るまでの動きを行うドリルトレーニング。

腰が浮かないように注意して、股関節から脚を動かす。膝は伸ばし切らない。

踏み切り一歩手前で脚を腰ごと前に出す。腕もしっかり振り込んでこよう。

 動きの**コツ**

低重心走からのジャンプは一度姿勢をチェックしてからスタート

低重心走からのジャンプは、スタート前に一度腰を落として、低重心の姿勢を作ってから走り出そう。背中が曲がらないように、軸を作ることを忘れずに。

5

4

軸脚からは地面からの反力を得て、反対側の脚と腕を振り上げる動きを使って跳ぼう。

膝が曲がりすぎたり、上半身が前に突っ込みすぎないように注意。

08

スキップジャンプ&
3歩ジャンプ

スキップジャンプ

スキップをするようにステップを踏む。写真では左脚で軽く跳ぶのが1ステップ。

地面から反力をもらうイメージで跳ねてみよう。

左脚で2ステップ目で着地したら、踏み切り脚を前に素早く振り出す。

このときに、反対側の脚を付け根から引き上げる。肩も一緒に引き上げよう。

踏み切り脚でしっかり軸を作りながら接地して跳び上がる。

コーチからのアドバイス

スキップジャンプは、スキップをしながら踏み切りのタイミングをつかめます。3歩ジャンプは連続で行うことで、踏み切り前のリズムアップから跳び上がる感覚をつかむ練習です。

3歩ジャンプ

1 1、2、3、4のリズムで行う。4でジャンプする。

2 ゆっくり行うのではなく、スピードを出して行おう。

3 高いスピードを維持したまま踏み切りの態勢に入る。

↑ **ワンランクアップ**

メディシンボールを使ってやってみよう

この2つは、メディシンボールを持って行ってもOK。重りがあることで、腕の使い方を覚えやすくなる。また、ボールを振る力も跳び上がる力に変えることができる感覚も分かりやすい。

5 反対側の肩も使って跳び上がろう。反対側の腰、膝を上にしっかり引き上げよう。

4 接地と同時に軸を作ることで地面からの反力を使って跳び上がる。

123

09

助走後半〜足合わせ

① 曲線に入るところにマークを置き、そこに脚が合っているかをチェック。

② 地面から反力をもらう感覚を感じながら助走する。曲線に入ったら脚が後ろに流れないように。

⑧ 跳躍動作に早く入りすぎず、描く半円の頂点にバーがくるように調整しよう。

⑦ 地面からの反力をもらいながらジャンプ。もう片方の脚は付け根から大きく上に振り上げる。

⑨ バー側にある肩から先にバーを越えるようなイメージで越える。目線は奥へ。

⑩ 最後まで気を抜かない。頭、身体、脚が同じ軌道を通るイメージを持って練習してみよう。

コーチ
からの
アドバイス

走高跳は最初は真っすぐな助走から内傾（カーブ）助走に入り、踏み切ります。カーブして入ることで踏み切り姿勢を取りやすくするためです。

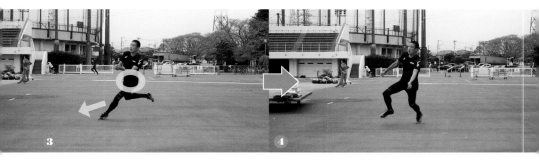

3

自分の腰よりも外側に脚をついて軸を傾けよう。

4

身体は内側に傾けるイメージより、足先を逆に外側に接地していくことを意識をすると良い。

6

しっかり軸を作って身体を後傾させた状態で接地。この姿勢を大切に。

5

カーブすることが目的にならないように。内傾するのは、あくまでもバーに対して踏み切りを最高の位置で行うためのものだ。

ワンランク**アップ**

助走の歩数の目安

走高跳における助走の歩数の目安は右図の通り。だいたい4〜6歩で真っすぐ跳ねるように助走したところから内傾に。そこから4〜5歩で踏み切れるように調整していこう。

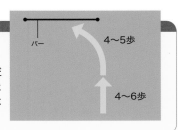

バー

4〜5歩

4〜6歩

10

サークルドリル

サークルのサイズは、半径5mに。股関節から脚を大きく動かしながらバウンディング。上半身を安定させて、軸が前後左右にぶれないように注意して行おう。

力強く接地することで、強い反力をもらえる感覚も養っておこう。

バウンディング、ホッピング、ギャロップ、スキップジャンプと3歩ジャンプも、すべて円を描きながら行ってみよう。軸は斜めに保つのがコツ。

コーチ
からの
アドバイス

バネを鍛える項目で行った、バウンディング、ホッピング、ギャロップなどを円を描きながら行う練習法です。走高跳の内傾を取りながらの助走でも、しっかりと地面からの反力をもらえる接地をするための感覚を養っていきましょう。

バウンディング

動きがシンプルなバウンディングは、前に前に跳ぶイメージを持って行おう。

脚だけではなく、腕もしっかり振って大きく動かそう。

まずは基礎となるバウンディングで練習すると良い。

ギャロップ

ギャロップは、着地して1歩走ってから、着地した脚でもう一度跳ぶことを繰り返す。

地面からの反力をしっかりもらえる力強い接地を心がけて。

斜めの軸を保つことに注意して、全身をバネにして跳びはねる意識を持ってやってみよう。

ホッピング

ホッピングでも同じように、かかとが円を描くようにしながら行おう。

踏み切った脚をしっかり空中で振る。身体のバランスが崩れないように注意。

リズミカルに、軽く身体が跳ねるようなイメージを持って行ってみよう。

三段跳の特性と練習の方法

　三段跳は、ホップとステップが同じ脚で、ジャンプは反対側の脚で行うというルールがあります。

　では、この種目の特徴でもある、ホップ・ステップ・ジャンプのそれぞれのポイントを見ていきましょう。

　最初の踏み切りからのホップは、走幅跳よりも前に跳び出す意識を持って踏み切りましょう。大事なのは、最後のジャンプまでできるだけ助走のスピードを落とさないことです。そのためにも上に跳ぶのではなく、スピードを生かして前に跳び出しましょう。

　ステップやジャンプのとき、股関節から脚を動かして大きくスイングすることも大事なポイントになります。このタイミングを合わせることで、ステップとジャンプ時の接地のインパクトを強くすることができます。また、ステップでもスピードを落とさないようにするには、足の接地に注意しましょう。もしここでつま先接地をしてしまうとブレーキがかかってしまいます。ホップの後は腿が後ろに流れすぎないように、素早く膝下に巻き込みます。ジャンプも同様ですが、空中で一度膝をたたんだ状態で前に出し、そこから膝を伸ばして接地します。足裏全体で、身体の軸に沿って真っすぐ接地しましょう。そして最後のジャンプは、ホップ、ステップで維持してきたスピードに任せて跳び出すだけ。つまり、三段跳で大事なのは最後のジャンプではなく、ホップ、ステップで助走のスピードをいかに落とさず、維持できるかになるのです。3つとも腕を切り返すときに鋭く振り、インパクトを持たせることが大切です。

Chapter

8

投擲種目の練習方法

投擲種目で大事なポイントは、下半身から動かしていき、
地面の力を最終的に投擲につなげること。
身体の連動を大切にしていこう。

01

投擲技術のチェックシート
とう てき

[カテゴリ]	チェック項目	✔ （チェック）
1 [砲丸投げ]	砲丸が首の横につけられているか 〈自分のクセ〉	☐
2 [砲丸投げ]	砲丸が中指の付け根に乗っており、指同士が離れていないか 〈自分のクセ〉	☐
3 [砲丸投げ]	グライド姿勢のときに投げる腕側の脚の拇指球に体重が乗っているか 〈自分のクセ〉	☐
4 [砲丸投げ]	グライド開始時にかかとが最後に離れているか 〈自分のクセ〉	☐
5 [砲丸投げ]	グライド開始時に極度に上半身が起きすぎていないか 〈自分のクセ〉	☐
6 [砲丸投げ]	グライド開始時に前脚の伸びる方向が上に向きすぎていないか 〈自分のクセ〉	☐
7 [砲丸投げ]	グライド後、右（投げる側の脚）、左の順番に脚がつけているか（両脚を同時につかない） 〈自分のクセ〉	☐
8 [砲丸投げ]	両脚をついたときに後ろ脚が重心の真下にあり、後ろ脚に体重が残っているか 〈自分のクセ〉	☐
9 [砲丸投げ]	両脚がついたとき、前脚から頭までが一直線の状態か 〈自分のクセ〉	☐
10 [砲丸投げ]	グライド後に両脚をつく瞬間、顔が後ろを向いたままか 〈自分のクセ〉	☐
11 [砲丸投げ]	グライド後に両脚をついたときに、上半身と軸脚の腿が離れてすぎていないか（股関節にテニスボールを挟むイメージ） 〈自分のクセ〉	☐
12 [砲丸投げ]	前脚をついた直後、胸を開くイメージで大きく左腕でリードし、身体の正面で腕をブロックできているか 〈自分のクセ〉	☐
13 [砲丸投げ]	グライド後に両脚をついてから、顔の向きが早くに外に逃げていないか 〈自分のクセ〉	☐
14 [砲丸投げ]	身体が正面を向く前に左腕が肩のラインより後ろまで振って大振りになっていないか 〈自分のクセ〉	☐
15 [砲丸投げ]	身体が正面を向いたときに横からみて「人」の字ができているか 〈自分のクセ〉	☐

コーチからのアドバイス

砲丸でもやりでも、投げるときに上半身や腕だけの力で投げていないかを確認しておきましょう。地面から力をもらい、それを投げの動作につなげる。その連動のための動作ができているかどうかも、投擲技術では大切なポイントになります。

	［カテゴリ］	チェック項目	✔︎ (チェック)
16	［砲丸投げ］	砲丸を離すまで、後ろ脚が地面についているか〈自分のクセ〉	☐
17	［砲丸投げ］	砲丸が最後まで押せて、指にかかっているか〈自分のクセ〉	☐
18	［やり投げ］	ライトクロス直前にブレーキがかかり、助走スピードが落ちていないか〈自分のクセ〉	☐
19	［やり投げ］	ラストクロスで投げる腕側の脚が逆脚を先行しているか〈自分のクセ〉	☐
20	［やり投げ］	投げる側の脚をついたときに、膝、足先がやや前方を向いているか〈自分のクセ〉	☐
21	［やり投げ］	投げる側の脚をついたときに、投げる腕の肘が下がり、穂先が上がり過ぎていないか〈自分のクセ〉	☐
22	［やり投げ］	前脚をついたときに顔が横に逃げていないか（身体を開くのが早くないか）〈自分のクセ〉	☐
23	［やり投げ］	前脚をついたときにグリップができるだけ後方にあるか〈自分のクセ〉	☐
24	［やり投げ］	前脚をついたときに両肩のラインより投げる腕の肘が下がっていないか〈自分のクセ〉	☐
25	［やり投げ］	腰が完全に前を向いたときに、投げる側の肘が肩より後ろにあるか〈自分のクセ〉	☐
26	［やり投げ］	腰が完全に前を向いたときに投げる側の膝が伸びきっていないか〈自分のクセ〉	☐
27	［やり投げ］	㉒〜㉖を統合し、背中でキレイなCカーブができているか〈自分のクセ〉	☐
28	［やり投げ］	やりを離す前に肘が身体の面より前にきていないか〈自分のクセ〉	☐
29	［やり投げ］	親指が下向きになるように（シュート回転）思い切り良く投げられているか〈自分のクセ〉	☐
30	［やり投げ］	やりを放すと同時に後ろ脚が前脚よりも低い位置で前に来ていないか〈自分のクセ〉	☐

02

立ち投げ・上投げ・両足投げ（砲丸）

立ち投げ

①

②

立ち投げは、軸脚でしっかり地面を踏み込み、その力を砲丸につなげる意識を持とう。

捻り動作で身体が開きすぎないように注意。後脚から前脚への体重移動をしっかりと。

④

③

最後の投擲時、親指を下に向けておくと砲丸の方向性が定まりやすくなる。

捻りの最後まで砲丸を残すイメージを持つと、パワーをしっかり砲丸に伝えられる。

 こんな **イメージ**

身体は真っすぐ起こす

身体を捻るときに、軸が左右にぶれないように注意。真っすぐ回転して、軸脚を真っすぐ蹴り出すように意識して行おう。

コーチ
からの
アドバイス

足腰でしっかりと地面を押して、その力を砲丸につなげるための連動性を高めていきましょう。膝が伸びて、腰、肩、肘、手首という順番で動かします。ただ投げるのではなく、きちんと下半身と上半身連動を意識して練習してみてください。

両足投げ

① 両足投げは、身体をしっかり沈み込ませてから、地面からの力を指先にまで伝えよう。

② 沈み込ませると同時に身体を捻る。このとき、重心がぶれないように。

上投げ（メディシンボール）

① 上投げは、真上に向かって投げる練習方法。

② 片脚を壁などにつけて、もう片方の脚腰を軽く曲げる。

④ 右脚から左脚へしっかり体重移動した状態で、しっかりと前まで砲丸を押し切ろう。

③ 地面からもらう力と身体を捻って得る力の両方をしっかり砲丸に伝えよう。

④ 斜めに力を伝えるよりも、地面から垂直に力を伝える方が感覚は分かりやすい。

③ 地面につけている方の脚から地面の力をもらい、真上に力の方向を向ける。

03

グライドストップ
＋投げ（砲丸）

グライドストップ

① 上半身を骨盤からしっかり倒して、軸脚に体重を乗せて力を溜めよう。

② 勢い良く脚を後ろに振り出す。脚を振り上げるのではなく、振り下ろすイメージで。

④ ここで一度ストップ。ここでグライドした脚から頭までが一直線になっているのが理想的だ。

③ チェックポイントは軸脚の膝が伸びすぎていないか、目線は後ろを向いていることの2点。

コーチ
からの
アドバイス

ポイントはグライド時に前脚を振り上げないこと。力が逃げて
しまいますので、足止めに向けて、斜め下に振り下ろすような
意識でやってみましょう。グライドで一度止まったら、身体が
開きすぎないように注意して投げまで行いましょう。

グライドストップ＋投げ

①
グライドストップしたところから、軸脚にしっ
かりとパワーを一度溜めてから投擲動作に入る。

②
左肩があまり開きすぎないように。左側の脚と
肩で壁を作るような意識を持つと良い。

④
地面からの力をしっかりと指先に伝え、砲丸を
投げる力に変えよう。

③
左肩を右肩が追い越すようなイメージで投げる。
砲丸を投げる方向に胸を向けるのがポイント。

 動きのコツ

投擲の瞬間は人の字

投げる瞬間、横から見たときに人の字になるように意識しよう。すると身体が前に突っ込み
過ぎず、良い投擲の形の参考になる。もうひとつのポイントは持ち方。砲丸を中指の付け根
に乗せると良い。手の平全体に砲丸を乗せてしまうと指にかかりにくく、力が伝わらない。

04

チューブ補強3種（砲丸）

軸脚にチューブ

① 軸脚の膝裏にチューブを通そう（足首でもOK）。椅子に腰かけるイメージでスタート。

② グライドをして、軸脚でもしっかり地面を蹴る。あまり股関節が開かないように。

③ グライドストップと同じように、グライドが終わったところまで行う。

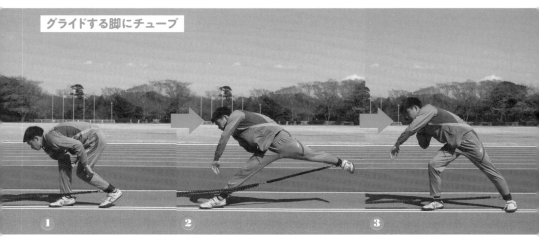

グライドする脚にチューブ

① グライドする脚にチューブをつけるパターンでは、足首にチューブをつけて行おう。

② 特に後ろに勢いをつけるとき、脚を振り上げないようにすることを意識して行う。

③ チューブを固定する位置も低くしておくと、低く脚を後ろに出す感覚を身につけやすい。

コーチ
からの
アドバイス

動きの感覚をつかむのに最適な練習方法です。特に雨天のとき
には良く利用します。また、投げのトレーニングとの間をあま
り空けずに行うことで、良い投擲のフォームを身体に覚え込ま
せるのにも役立ちます。

腕にチューブ

① 腕につけて行う場合は、砲丸を持つほうの肘に
チューブをつける。

② 胸は横を向けたまま、胸を開くイメージ。しっ
かりと身体を捻って地面からの力を得る。

④ 人の字ができるように、フィニッシュまで気を抜
かずにしっかりと腕を伸ばすところまで行おう。

③ 腕でチューブを引っ張るのではなく、身体全体
でチューブを引っ張る意識を持って。

05

片膝立ち投げ（やり投げ）

構えたときにグリップをできるだけ後ろにすること、そして前の腕の肩越しに前を見るようにするのが、ゼロポジションを作る上で大事な要素だ。

投げ終わったら、親指が下を向いているのが大事。シュート回転をかけるようにすると、やりに力が伝わりやすい。

コーチ
からの
アドバイス

まずは、両肩とやりを持っている方の腕の肘の3点が一直線になる、ゼロポジションと呼ばれる力の出しやすい形を覚えましょう。腰が前を向いたときに肘が下がらず投げることが大切です。

両肩と肘を結んだ3点が一直線になるゼロポジションから投げに入る。肩甲骨を後ろから押されるイメージを持つと肩が入りやすく腰の力が伝わりやすい。肘が先行すると関節を痛めるので注意しよう。

やりを投げたい方向に胸が向いているかも大事なポイント。上半身をしっかりと使って投げるように練習しよう。右肩が少し上がるイメージが良い。頭の上でやりをリリースするイメージで行おう。

139

06 リリースストップとパワーポジションの確認（やり投げ）

リリースポイント（やりを放すポイント）での姿勢を確認する練習。前に出した腕から前をのぞくようにすると、キレイなゼロポジションを作りやすい。

そこから後ろに引いた脚で地面をしっかり蹴り、脚、腰、肩、腕の順番で動かす。右脚は拇指球で踏ん張り、かかとが浮いているかどうかもポイント。

頭の上で止める。しっかり人差し指（または中指）でやりを押さえられていることが大切なポイント。

コーチ
からの
アドバイス

軸足のワンステップで止まり、ゼロポジションを作れるかどうかの練習と、そこからスムーズに上半身を捻る動作と合わせて地面からの力をやりに伝える動きができるかどうかをリリースストップという練習でチェックしていきましょう。

肩と肘が下がらないように、前に出している腕の捻りが軽くあると良い。

やりの穂先はまゆげにつけるイメージで。

投げる側のつま先は前、前足は上に向ける。片脚で静止できること、静止したときに写真①の上半身の形ができていることを意識しよう。

軽く前に跳ぶ。肩越しから投擲方向をのぞき込むようなイメージを持って行おう。

07

真上投げ・上方向フラット着地投げ（やり投げ）

真上投げでは、まず真っすぐな軸を作ってから行おう。

やりの真ん中を持って、やりが斜めにならないように、フラットな状態のまま真上に投げる。

肩にやりの重さを感じながら、軸の真上に投げる感覚、リリースする感覚をしっかり練習しよう。指にもしっかり引っかけよう。

コーチからのアドバイス

真上投げでは、軸にやりを乗せて真上にリリースします。リリースの感覚と肘を高く保った投げる感覚を養います。フラット着地投げは通常よりも少し高く投げます。そうすることで、上半身突っ込みをなくす練習になります。

上方向フラット着地投げ

① やりが穂先からではなく全体でつくからフラット投げと言われる。

② 高く投げる意識を持つことで、リリース時の上半身の突っ込みをなくす効果がある。

④ 軸脚で得られる地面の力をやりに伝える意識も忘れないように行おう。中助走でも、全助走でも効果的な練習だ。

③ 投げる瞬間に肘が先行しすぎないように注意して。穂先を真っすぐ突く。真っすぐな長い筒を通していくようなイメージで投げよう。

08

クロス投げ（やり投げ）

横

① 試合を想定してしっかり助走でスピードに乗ろう。

② 身体が横を向いても助走の流れは止めないようにしよう。

③ ここで脚をクロス。軸脚が前に出るように意識して行おう。

⑥ シュート回転させるようにして、最後は思いきってやりを投げる。

⑤ 軸脚でしっかりと地面を押し、その力を膝、腰から上半身に伝えていく。

④ 真っすぐな軸を意識したまま脚をつく。ここでゼロポジションを取れるようにする。

動きの**コツ**

全助走の歩数の目安

全助走は直線が7〜9歩、クロスが2クロス（4歩）、投げでタ、タンのリズムで行うのがひとつの目安となる。

コーチ
からの
アドバイス

やりを投げる直前のラスト2歩の動きを確認する練習です。この「ターン、タタン」とステップを踏むリズムを崩さないようにすると、最後までスピードを落とさず再現性の高い安定した投げが可能になります。

正面

① 前から見たときにも、脚がクロスするようにすることが大切。

② 身体が横を向いても助走からの流れを止めないようにする。

③ 軸脚を前に出すステップでしっかりと脚をクロスさせる。

⑥ 最後は思い切って腕を振り抜こう。

⑤ ゼロポジションを作ってから、やりを投げたい方向に胸が向いているかもチェックしておく。

④ ここからタタン、のリズムを崩さないようにやりを投げるところまで一気に行こう。

 これは**NG**

脚がクロスしない助走

脚がクロスしないと投げの最後の部分で上半身が突っ込んでしまう。上半身が前に突っ込んでしまうとせっかく助走で得たスピードや、地面から軸脚が得る反力が逃げてしまう。

試合に向けて質を上げて量を落していく

試合に向けては1週間前までパターン2で行い、1週間前からはパターン1、という組み合わせも可能です。全力の動きで、自分のやりたい技術ができているかをチェックしていきましょう。

試合2週間前のメニュー

①、②から選択

	試合までの日数	質	量	目的	メニュー（パターン1）	メニュー（パターン2）
日	14	5	5	トライアル2〜3本 スピード持続・補強	①SD練習 ②ディセンディング走（1.90%-2.95%-3.100%)100×3×1〜2、または追い抜き走80m×2	①SD練習、またはwave走60m×5 ②加速走100×2〜3、またはSD150×2、SD200×1
月	13	1	1	疲労回復		
火	12	4	3	パワー系	上り坂走数本、バウンディング系低重心走、レジステッドトレーニング（後ろからチューブで引っ張り）腿上げ走×3	
水	11	4	4	スピード持続・フォームチェック	①バトンパス、加速走20↑50×2〜3 ②150×1〜2または250〜300×1	①SD30、60各×2〜3 ②150×1〜2または250〜300×1
木	10	2	2	補強	バウンディング、メディシンボール投、体幹トレーニング	上半身の補強
金	9	1	1	疲労回復または スピード刺激	疲労回復	SD100×1または加速走100×1〜2または400mリレートライアル
土	8	4	3		フレキ走×2〜3、加速走10↑50×2	疲労回復
日	7	5	2	トライアル	100m（200m）のトライアル（リレーがある場合は400mリレートライアル）（必要があればトーイング走×2)	100m（200m）のトライアル（リレーがある場合は400mリレートライアル）（必要があればトーイング走×2)
月	6	1	1	疲労回復	完全休養	完全休養
火	5	5	3	日曜日の反省を生かしたスタート練習	コーナーでのWS、SD練習×1〜2、60×1または加速走×1	ラダー系、ミニハードル走×3、WS120×1〜2
水	4	2	2	疲労回復、力発揮の確認	ダイナミックストレッチ、メディシンボール投	SD練習または加速走30×1、加速走20m加速50m×1
木	3	5	3	キレの確認、後半のフォーム確認	SD練習×1〜2、SD60×1（後半のビルドアップ走80×1)	完全休養
金	2	1	1	疲労回復	完全休養	SD30×2
土	1	2	2	加速局面の確認	SD練習×1〜2（リレーがある選手はリレーのパス1本）	WS60〜100×1〜2
日	当日				試合本番	

連戦が続く場合や筋力のない選手はこちらのパターンも良い

試合期の試合間のメニュー

日数	質	量	目的	メニュー
月	1	1	完全休養	
火	4	3	軸作り パワー系トレーニング トップスピードのフォーム（技術）練習	①上り坂 skip×3、低姿勢、バウンディング×3 ②加速走50×3、フレキ、ミニハードル走 　ジャンプドリル
水	5	5	スタートの練習	練習5〜10本 全力で行う場合：SD30×2、60×2
木	3	5	スピード持久の練習	100×3×1〜2または加速20↑50×3 wave走80×3
金	1	1〜2	完全休養又は軽めの練習	
土	4	3	加速走	フレキ、ミニハードル走、加速走30、50各2〜3
日	5	5	スタート練習、スピード持久の練習	低重心走 SD練習×5 100m加速走×3または（120-100-80）×2

オフシーズンのメニュー

日数	目的	メニュー
月	スピードまたはパワー系（ジャンプ系）、技術練習	（100m＋補強）×10、技術練習、軸作り、ジャンプドリル
火	スピード、スピード持久	100×4〜5×2（100mwalkback、12'） （中学生は80mでも可能）
水	体力トレーニング	筋力トレーニング（またはサーキットトレーニング）
木	疲労回復	アクティブレスト
金	月曜に準じる	エンドレスリレー100×10〜15、軸作り ジャンプ系トレーニング、フレキ走
土	スピード、スピード持久（上り坂や砂浜）、補強	上り坂走（30-40-50-60）×3、 100×5または200×3×2
日	疲労回復	

どの種目の練習も3日やって1日落とし、2日やる
または2日やって1日落とし3日やる
学校行事や天候、個人、学校の予定に合わせて行う

筋的持久力と最大速度をバランス良く鍛えよう

100mのトップスピードを高めながら行いましょう。速度維持の練習では、腰が落ちないフォームで、疲れていても身体をしっかりと動かし続けられることを体感することが大切です。

試合2週間前のメニュー

試合までの日数		質	量	目的	メニュー（パターン1）	メニュー（パターン2）
日	14	5	4	試合形式またはトライアル	（300+100）×2または250〜400トライアル×2	テンポ走300×2またはws150×3、全力250〜300×1
月	13	1	1	疲労回復		
火	12	5	3	スタートの練習	SD練習または加速走30〜60×2	
水	11	5	4	後半維持の練習（無酸素系エネルギー刺激）	（200+200）×2または（200+100）×2	100×3、250×1
木	10	1	1〜2	完全休養または軽めの練習	バウンディング、メディシンボール投、体幹トレーニング	疲労回復
金	9	4	3	加速走	疲労回復	ラダー系、流し×2〜3
土	8	5	5	スタート練習、速度維持の練習	SD30×1〜2、60×1〜2コーナー出口ダッシュ60〜80×2〜3	300m×1またはテンポ走（200+100）×1（100mjog,int.10〜15'）
日	7	5	3	試合形式またはトライアル	300m×1〜2またはテンポ走（200+100）×2（100mjog,int.10〜15'）	加速走100または400mリレートライアル
月	6	1	1	疲労回復	完全休養	完全休養
火	5	2	2	日曜日の反省を生かしたスタート練習	ラダー系、ダイナミックストレッチ、メディシンボール投各5	SD150、後半イメージ120〜150
水	4	4	3	疲労回復、力発揮の確認	SD150、後半イメージ120〜150または250×1	ダイナミックストレッチ、メディシンボール投各5
木	3	2	2	キレの確認、後半のフォーム確認	WS100×2〜3（シューズ）	100×3（50mウォーク）
金	2	1	1	疲労回復	完全休養	完全休養
土	1	4	2	スタートの確認	SD200×1または100×3	WS60〜100×1〜2
日	当日				試合本番	

高校生や大学生の指導現場ではより専門的で効果的な練習として、500〜600mの距離を走ることがあります。ジュニア期の皆さんは、まずはトップスピードを高めながらスピード持久力を養っていくことが大切です。走り込みも300m以下のものを選択していくのが良いと思います。

148

試合期の試合間のメニュー

①～④で選択

日数	質	量	目的	メニュー	補強
月	1	1	完全休養		
火	4	3	トップスピードのフォーム（技術）練習、加速走	フレキ、ミニハードル走 SD練習または加速走、wave走	
水	5	5	スタートの練習	練習5～10本 全力で行う場合：SD30×2、60×2	バウンディング、ホッピング、ハードルジャンプなど
木	3	5	後半維持の練習	①200（wave走も可）×3×2 ②150×5 ③250×3×1～2（150w）	
金	1	1～2	完全休養または軽めの練習		スナッチ、クリーンなどレッグカール
土	4	3	加速走	フレキ、ミニハードル走 SD練習または加速走、wave走	メディシンボール投、上半身補強
日	5	5	スタート練習、速度維持の練習	①（300-200-100）×2 ②100×4×2～3 ③300+100（30秒～1分）または200+100（100m jog）×2セット ④テンポ走300×2	バウンディングなど

オフシーズンのメニュー

日数	目的	メニュー
月	スピードまたはパワー系（ジャンプ系）、技術練習	（100m＋補強）×10、技術練習、軸作り、ジャンプドリル
火	スピード、スピード持久	100×4～5×2（100mwalkback,12'） （中学生は80mでも可能）
水	体力トレーニング	サーキットトレーニング30'、筋力トレーニング
木	疲労回復	上半身補強
金	月曜に準じる	月曜に準じる
土	スピード、スピード持久（上り坂や砂浜）、補強	上り坂走（30-40-50-60）×1～2、100×5または200×3×2
日	疲労回復	100mとマイルリレーを兼ねる選手はウォーミングアップや補強で持久系のものを取り入れる

狙った試合は、スピード練習をしっかり入れてキレを出していく

特に800mでは400m型と1500m型に分かれます。
1500m型の選手は普段は1500mの練習をベースにし、2週間を切ったら積極的にスピード練習を入れましょう。400m 〜 800m型の選手はスタートダッシュなどのスプリント能力向上の練習も必要です。それぞれ選手の特性に合ったトレーニングを組みましょう。

試合2週間前のメニュー

試合までの日数		質	量	目的	メニュー（800m）	メニュー（1500m）
日	14	5	5	レペティションまたは有酸素	1000-600-(400-)200または1500×1	2000-1000-400またはBup走（強め）
月	13	2	2	疲労回復/有酸素刺激	jog	ペース走6000〜8000（余裕をもって）ws150×5またはlong jog
火	12	2	2	有酸素刺激/疲労回復	long jogまたはペース走4000〜6000 ws150×5	jog
水	11	3	3	つなぎの練習	Bupjog 4000	Bupjog 4000
木	10	5	4	スピード練習レペティション（レースより長めの距離で）	①SD30×2、60×1または加速走50×3 ②(400+400)×2(1')または1000×1、600×1	2000(ベスト+30秒)-1000(レースペース+2秒)-400または(600+100〜200)×2
金	9	4	2	疲労回復/短距離練習	jog	long jog ws150×5または200×4
土	8	2	3	短距離練習/つなぎの練習	jog 100×5〜7	jog
日	7	5	3	試合形式のレペティション	600+200(200jog)または400+400(1')	800〜1000+300
月	6	2	2	スタミナ維持	long jog	long jog
火	5	1	2	疲労回復	jog	jog
水	4	4	3	スピード刺激（インターバル走またはレペ）	600×1または400+200（レースペース）	1000×1（レースペース：余裕をもって）
木	3	2	2	疲労回復	Bup jog（軽めに）	Bup jog（軽めに）
金	2	1	1	疲労回復	レスト	レスト
土	1	4	2	レース開始後のペース確認、刺激	400×1または200×2〜3（レースペース確認）	600〜1000×1（レースペース確認）または300×2
日	当日				試合本番	

※連日でレースがある試合の前は1日前の練習を2日前にしても良い。

試合期の試合間のメニュー

日数	質	量	目的	メニュー（800m）	メニュー（1500～5000m）
月	1	1	完全休養		
火	3	2	つなぎの練習	ペース走4000またはサーキット30'+ws150×5（スプリントドリル）	ペース走4000～8000+200×3～5
水	5	5	スピード練習（インターバル）	①SD30×3、50×2 ②200×5×2または300×4×2または400×5+150	インターバル走400×8～12（200～400jog）～10または1000×3（400jog）
木	4/2	4/2	スタミナ維持	jogまたはペース走(遅め)4000（600+200）×2または1000+200	jogまたはペース走(遅め)6000～8000または30'～50'
金	2	1～2	積極的休養	jog20'～30'	jog20'～40'
土	3	3	有酸素刺激	ビルドアップ走4000 WS100×5（追い込む週は水曜に準じる内容で日曜を少し軽め）	ビルドアップ走4000～10000
日	5	4	レペティション	①SD30×3、50×2 ②250×3、150×5または(400-300-200)×2または(1000-600-400-200)×1～2	2000-1000または1500-800または3000-2000-1000またはタイムトライアル、記録会

週に2回練習の質の山を作るのが一般的です。高強度の練習後は軽めでも良いですが、長めの走練習でスタミナ維持、フォームの安定を図りましょう。

オフシーズンのメニュー

日数	目的	メニュー（800m）	メニュー（1500～5000m）
月	完全休養	完全休養	完全休養
火	長めの時間走	long jog 50'～60'	long jog 70'～90'
水	ペース走（長めの距離）	①ペース走4000～6000 ②200×7～10または300×5～10	6000～8000/12000～16000
木	jog	jog 30'～40'	jog 40'～50'
金	時間走	ファルトレク40'～60'jogまたはビルドアップ走6000	ファルトレク60'jogまたはビルドアップ走6000/8000
土	スピード	30分jog、600～1000×3～5	2000×3 など
日	起伏走（ファルトレク）	クロスカントリー走60～90'（ファルトレクも可）、坂流し×5～10	クロスカントリー走80～90'（ファルトレクも可）、坂流し×5～10

スピード刺激を入れながら有酸素刺激も入れる

14〜13日前に有酸素（長めの距離）の刺激を入れるのがポイント。スピード練習は中2日は空けましょう。その翌日の有酸素刺激を大切にしてください。動きにキレを出してシャープにしていきましょう。

試合2週間前のメニュー

	試合までの日数	質	量	目的	メニュー（3000m）	メニュー（5000m）
日	14	5	5	レペティション	2000+1000または1000×3(5')または1500×1	2000-2000-1000(5')または3000×1
月	13	3	4	有酸素刺激	long jogまたはペース走4000〜6000 ws150×5	long jogまたはペース走6000〜8000 ws150×5
火	12	1	1	疲労回復	jog	jog
水	11	3	3	つなぎの練習	Bupjog 4000	Long jog 40'またはペース走6000〜8000m
木	10	5	4	レペティション（無酸素の刺激）	2000-1000-400	3000-2000-1000
金	9	2	3	有酸素刺激	long jog ws150×5または200×4	long jog ws150×5または200×4
土	8	1	2	疲労回復	jog	jog
日	7	5	3	試合形式のレペティション	1000×3または400×7〜8または200×10〜12	1000×3または400×10
月	6	1	1	疲労回復	jog	jog
火	5	2	2	つなぎの練習	jog	jog
水	4	4	3	スピード刺激（インターバル走）	400×7〜8または200×10〜15（レースペース：余裕をもって）	2000×1または400×7〜10（レースペース：余裕をもって）
木	3	2	2	疲労回復	Bup jog（軽めに）	Bup jog（軽めに）
金	2	1	1	疲労回復	レスト	レスト
土	1	2	2	レース開始後のペース確認、刺激	600×1（レースペース確認）	600〜1000×1（レースペース確認）
日	当日				試合本番	

※連日でレースがある試合の前は1日前の練習を2日前にしても良い。

冬季はスピード練習を少なめにして、クロスカントリーを積極的に利用した走り込みを行いましょう。

ペース走早見表

3000m 目標タイム	シーズン中		オフシーズン	5000m 目標タイム	シーズン中		オフシーズン
	3000m	4000m	6000m		5000m	8000m～	12000m
10'30	3'50	3'55	4'10	17'00	3'40	3'45	4'00～4'20
10'00	3'40	3'45	4'00	16'30	3'35	3'40	
9'30	3'30	3'35	3'50	16'00	3'30	3'35	3'50～4'10
9'00	3'15	3'20	3'40	15'30	3'25	3'30	
8'30	3'05	3'10	3'30	15'00	3'20	3'25	3'40～4'00
				14'30	3'10	3'20	
				14'00	3'00	3'15～3'25	3'30～3'50

種目以上の長い距離を余裕を持ったペースで
走り切るのが一般的です。

インターバルトレーニング早見表

			自己記録		
200×8～15	100～200m jog	レースペース以上	9'00	32～34	学校のグランドの場合+"2"'
			9'30	34～36	
			10'00	36～38	
400×8～12	200～400m jog	レースペースかレースペース以上	9'00	68～72	
			9'30	72～76	
			10'00	76～80	
1000×3～5	200～400m jog	レースペースかレースペース以上	16'01	2'50～3'00	
			15'00	3'00～3'10	
			16'00	3'10～3'20	
			17'00	3'20～3'30	
2000×3			15'00	6'00～6'10	
			16'00	6'10～6'20	
			17'00	6'20～6'30	

jogを除いたトータル距離がレースの距離と近くなるように設定。
初心者の場合1本ごとに設定タイムを上げていくのも効果的です。

身体のコントロール能力を鍛えよう

特に軸を意識して、リード脚、抜き脚の動作や速いピッチでの動作をチェックしていきましょう。
全力でも自分のやりたい動作ができるかどうかをチェックしておきましょう。

試合2週間前のメニュー

試合までの日数		質	量	目的（110m/100mハードル）	メニュー（パターン1）	メニュー（パターン2）
日	14	5	5	トライアルまたは飛び込み	トライアル形式×2〜3またはHap.2〜6台×各1〜2、8台×1〜2	
月	13	1	1	疲労回復	AR	
火	12	4	3	神経系、ジャンプ系	パワー系ジャンプ系トレーニング、4足短5台×5	
水	11	5	4	オーバーハードル	12台ハードル×1〜3（インターバルは27〜29足長または7m前後）または（5歩3台+3歩3〜5台）×2〜5	
木	10	3	3	補強系	補強、課題練習	
金	9	1	2	疲労回復	完全休養	
土	8	5	3	神経系	SD練習×1〜2	
日	7	5	3	トライアル	100mのトライアルまたは12台ハードル×1〜2	
月	6	1	1	疲労回復	完全休養	完全休養
火	5	4	3	日曜日の反省を生かしたスタート練習	Hap.2×2、5×2	ミニハードル走×3、WS120×1〜2
水	4	2	3	疲労回復、力発揮の確認	ダイナミックストレッチ、メディシンボール投	Hap.2×2、5×2
木	3	5	2	キレの確認、後半のフォーム確認	SD練習×1〜2Hap.2×2、5×2、ビルドアップ走80×1	メディシンボール投各3〜5本
金	2	1	1	疲労回復	完全休養	完全休養
土	1	2	2	スタートの確認	Hap.1台〜3台各1本	Hap.1台〜3台各1本
日	当日			試合本番		

※Hapはハードルを跳ぶこと、数字は（ハードルの台数）×（本数）という意味の表記。

試合期の試合間のメニュー

日数	質	量	目的（110m/100mハードル）	メニュー
月	1	1	完全休養	
火	4	3	パワー系トレーニング トップスピードのフォーム（技術）練習	短め、低めのハードル走×5〜10 加速走×2〜3、ジャンプ系トレーニング
水	5	5	ハードル練習	SD練習3〜5本 Hap2×2、5×2、8×2
木	3	5	スピード持久の練習、補強	100×3×1〜2　加速20↑50　wave80×3
金	1	1〜2	完全休養又は軽めの練習	
土	4	3	火曜に準じる	
日	5	5	ハードル練習、スピード持久の練習	加速走またはwave走（短め）×3 10〜12台×3〜5、120〜300×1〜2

※土曜を水曜に準じ、日曜を木曜に準じても可能。

オフシーズンのメニュー（冬季練習）

日数	目的（110m/100mハードル）	メニュー
月	ドリル、短いハードル	（100m＋補強）×10、短めのハードル走×5〜10、軸作り、ジャンプドリル
火	ハードル練習、走り込み	12台ハードル×5、150〜250×2〜3
水	補強、ジャンプ系トレーニング	ジャンプ系ドリル（両足ジャンプ、バウンディング、ホッピング、スキップ、ギャロップ）各2〜3
木	アクティブレスト	
金	月曜に準じる	月曜に準じる
土	ハードル練習、走り込み、補強、体力トレーニング	8〜12台または5歩5台（インターバル短め）×5〜10、上り坂ダッシュ30-40-50-60）×1〜2、100×5または200×3
日		

投擲は3日前から体力温存と気持ちの充実（早く投げたい）を図ることが大切

[普 段 の 練 習]　砲丸であれば週4〜5回目安、やりであれば全力で投げるのは跳躍に準じて週2回＋短助走や「突き刺し」などでさらに2〜3日投げるのが良いと思います。イメージ練習・ドリル等で、できるだけ毎日投擲物に触ることを心掛けましょう。

[体力トレーニング]　高校生：ウエイトトレーニング；一つの部位につき2〜3日に1回。ジャンプ系トレーニングも入れよう。

中学生：重い負荷は避け、低負荷のジャンプトレーニング、補強（瞬発性をもって）（筋力はいつでもつけることができる。正しい力発揮の感覚・順番・タイミングを覚えることが大切）。

[試 合 前 の 調 整]　要点を絞り、少ない本数で仕上げましょう。やり投げでは1週間をきったら全力で投げることよりも、技術の確認を中心に行いましょう。良い投擲や動き作りができたらぱっと切り上げることが大切です。7〜3日前にWTではハイクリーン、メディシンボール投の調子がパワー発揮の調子を図る尺度になります。

投擲の試合期の試合間のメニュー　WT＝ウエイトトレーニング

日数	質	量	メニュー（砲丸投）	メニュー
日	5	5	トライアル形式、WTまたは体力トレーニング	ダッシュ20m×3、トライアル形式、6本程度、WTまたは体力トレーニング
月	1	1	疲労回復	疲労回復
火	2	2	ドリル中心	ドリル、イメージ練習、助走練習
水	4	3	投げ3本×2程度	ダッシュ20m×3、全助走練習または短助走投3〜7本（キレよく）
木	4	3	投げ、WTまたはパワー発揮確認	ドリル、WT
金	1	1	完全休養	完全休養
土	3	2	確認2〜3本（不調ならドリルに変えて割り切る）	確認2〜3本または投げずにアップのみ
日			試合本番	

跳躍は跳びたくてうずうずすれば準備OK

跳躍の調整の基本はやりすぎに注意することです。また直前の跳躍練習での癖、傾向が試合でも出やすいので特にチェックしましょう。スプリント練習、助走練習、跳躍練習、ドリル、補強をバランスよく織り交ぜます。1日やって1日または2日練習量を落とすというふうにしてバネをためていきましょう。調整方法は無数にあり、疲労が抜けないときや不調のときは思い切って前日にアクティブレスト、1週間を切ったら全力で飛ばないなど思い切った手段のほうが「やりすぎ」よりも好記録を生みます。跳びたくてうずうずしている状態になっていれば調整は成功です!!

跳躍の試合2週間前のメニュー

試合までの日数		質	量	目的	メニュー（パターン1）	メニュー（パターン2）
水	11	5	5	跳躍技術の確認、調整	跳躍練習チェック項目ごとに各2〜3本×3〜5項目合計10〜15本目安	バウンディング、メディシンボール投、体幹トレーニング
木	10	3	2	全身の力発揮、補強	バウンディング、メディシンボール投、体幹トレーニング	完全休養
金	9	1	2	疲労回復	完全休養	SD30×1〜2、60×1〜2
土	8	5	3	走練習（最大スピード）、ドリル	SD30×1〜2、60×1〜2	跳躍練習トライアルまたは練習3×3または10本目安
日	7	5	4	試合形式またはトライアル	跳躍練習トライアルまたは練習3×3または10本目安	メディシンボール投、体幹補強
月	6	1	1	疲労回復	完全休養	完全休養
火	5	2/5	2/3	神経系刺激/試合前最後の実戦練習	ラダー系、ダイナミックストレッチ、メディシンボール投各5	スタートダッシュ×2から3本、立ち五段
水	4	4	3	試合前最後の実戦練習、軽めに	跳躍練習、最大3本以内目安	メディシンボール投、体幹補強
木	3	2	2	模倣動作で技術の確認	ドリル（安定しない場合は助走練習数本）	跳躍練習、最大3本以内目安
金	2	1	1	疲労回復	完全休養	完全休養
土	1	4	2	助走練習または身体ほぐし	試合W-upまでまたは助走練習2〜3本	試合W-upまでまたは助走練習2〜3本
日	当日				試合本番	

跳躍の試合期の試合間のメニュー

日数	質	量	目的	メニュー
月	1	1	疲労回復	完全休養
火	4	3	走練習（または助走）、ドリル	フレキ、ミニハードル走、SD練習又は加速走、助走練習
水	5	5	跳躍練習	練習10〜15本(全助走でまとまらなければ中助走でまとめる)
木	3	5	全身の力発揮、補強（スプリント練習）	短助走練習、着地・空中動作練習、バウンディング、ホッピング、補強
金	1	1〜2	疲労回復	積極的休養
土	4	3	火曜に準じる	
日	5	5	試合形式またはトライアル走練習	幅跳：3本×3〜5セットなど、高跳：試合形式など、150×2または200×1

冬季は11月から1月（地域によっては2月）まではピット練習は少なめでよいので基礎体力の向上を目指していきましょう。跳躍選手にも走り込みで、持久力をつけるという位置づけよりもエネルギー効率のよい接地を繰り返す練習と位置づけて行いましょう。3月に入ってから本格的にピット練習に入って行きます。

おわりに

目標達成をしたときの喜びを感じてほしい
指導者として、教え子の数だけ夢がある

　陸上競技はオリンピックの花形といわれる種目です。自分の身体を最大限に生かしたアスリートの動きは人々を魅了します。また、勝敗や成功したか失敗したかが瞬時に数字で分かるスポーツなので、スタート前の緊張を超えて勝負に勝ったときの喜び、自己記録を出したときの喜びは格別です。そのように目標達成をした喜びをぜひとも皆さんに感じてほしいです。

　ジュニア期の皆さんに体得してほしいことは、①力を発揮するための正しい姿勢、そして強い選手のフォームだけを真似するのではなく、②皆さんの体力・形態に合った発揮する力の大きさ・鋭さや、どのタイミングで力を発揮すれば良いかを理解すること（≒バネ：跳躍力をつけること）、③骨盤と肩甲骨を大きく動かして四肢を上下左右で連動すること、です。トップ選手はこれらについて大胆かつ繊細な感覚・遂行力を持っています。指導者の皆さまには、①教え子の能力をよく観察し、疲労度や天候により練習に個別性を持たせ、臨機応変な対応ができること、②子ども自身が感じる・考えるためのヒント・概念の伝達が大切かと思います。

　指導者としても、人の子どもを預かる責任があるからこそ成功した喜びも大きく、教え子の数だけ夢があります。この本によって目標が達成できた！という声が少しでも聞こえてくれば幸いです。皆さまのご健勝を心よりお祈りいたします。

著者紹介

後藤彰英
ご とう あき ひで

船橋市立船橋高等学校陸上競技部顧問

1977年9月16日生まれ。新潟県出身。幼少期から走ることが好きで、さらに父が陸上競技の指導者であったこともあり、小学5年生から陸上の世界に。現役時代は十種競技の選手として、関東インカレ6位の成績を収めた。引退後は高校教師として千葉県立高校2校を歴任し、現在は船橋市立船橋高校勤務、陸上競技部の監督を務め、5年間でインターハイの累計得点は100点を超える。全国大会優勝選手3名、個人入賞選手20名を育てた。チームの全国大会制覇と日本代表選手輩出を目標に歩みを続ける。

SCHOOL & TEAM DATA
船橋市立船橋高等学校陸上競技部

1956年4月創部。過去インターハイ学校対校優勝（男子）、リレー優勝を男子で3回、女子1回を誇る強豪チーム。2018年に100mハードルで日本高校記録樹立。毎年全国トップクラスの選手が複数いながらも、陸上を楽しむことを忘れずに日々研磨に励む。部員数119名。

撮影に協力いただいた、船橋市立船橋高等学校陸上競技部の皆さん

編集制作	ナイスク（http://naisg.com/）
	松尾里央、岸 正章、須田優奈、染谷智美
取材・執筆	田坂友暁
装丁・デザイン	レンデデザイン
	小澤都子
撮影	長岡洋幸
撮影協力	船橋市運動公園
	船橋市立船橋高等学校陸上競技部
写真協力	アシックスジャパン株式会社
	ミズノ株式会社
	株式会社ニシ・スポーツ

目で学ぶシリーズ5
見るだけでうまくなる！
陸上競技の基礎

2021年7月15日　第1版第1刷発行

著　者	後藤彰英（船橋市立船橋高校陸上競技部顧問）
発行人	池田哲雄
発行所	株式会社ベースボール・マガジン社
	〒103-8482
	東京都中央区日本橋浜町2-61-9 TIE浜町ビル
	電話　03-5643-3930（販売部）
	03-5643-3885（出版部）
	振替口座　00180-6-46620
	HP　https://www.bbm-japan.com/

印刷・製本　大日本印刷株式会社